长篇报告文学

麦田追梦人

牛宏泰 著

西北农林科技大学出版社

图书在版编目（CIP）数据

麦田追梦人/牛宏泰著.—杨凌：西北农林科技大学出版社，2019.4
ISBN 978-7-5683-0648-5

Ⅰ.①麦… Ⅱ.①牛… Ⅲ.①王辉—生平事迹 Ⅳ.①K826.3

中国版本图书馆CIP数据核字（2019）第072481号

麦田追梦人

牛宏泰 **著**

出版发行	西北农林科技大学出版社
地　　址	陕西杨凌杨武路3号　　　邮　编：712100
电　　话	总编室：029-87093195　发行部：029-87093302
电子邮箱	press0809@163.com
印　　刷	陕西天丰印务有限公司
版　　次	2019年4月第1版
印　　次	2019年4月第1次印刷
开　　本	787 mm × 1092 mm　1/16
印　　张	15.5
字　　数	200 千字

ISBN 978-7-5683-0648-5

定价：68.00 元

你是一粒种子
来自理想与激情催生的花房
你虽无法自主选择生长之地
但无论富饶还是瘠凉
抑或北国大漠
抑或丰饶南方
抑或冰天雪地
抑或干旱土梁
无论把你埋得多深
无论压力多大多强
你最终都会穿透泥沙土石
骄傲地向着太阳

你是一粒种子
信念和坚韧是你的孕床
你虽无法选择面对的天空
但无论是湛蓝还是灰黄
抑或阴霾重重
抑或似火骄阳
抑或雷电交加
抑或朔风逞强
抑或剑雨冰伤
你早已对岁月承诺
让自己的生命绽放

你是一粒种子
为了那美丽的绽放
你默默地用一生的修行来涵养
吸取土地的营养
抚摸太阳的光芒
无论冬季多么漫长
莺飞草长的春天
是你永远不变的向往

你是一粒种子
有着无数次前世今生的轮回
但你最看重当下的力量
深深扎根泥土
换来明日芳香
无论遭遇什么
你都坚信自己
一天比一天硬朗
一天比一天强壮
一天比一天芬芳
直至完成生命的最后“亮相”

——牛宏泰·种子之歌

目 录
Contents

追梦篇

倾心育种为兆黎，
血汗灵智虔情犁。
追梦路上秦川牛，
古稀之年犹奋蹄。

——牛宏泰·咏王辉教授之一

恍惚迷离中，他感觉自己在做梦——一个似真似幻、若断若续的梦。

这是一个伟大的梦。他梦见自己培育出了很多小麦优良品种，多得数都数不清。

小麦啊小麦，他老在梦中种小麦、收获小麦，小麦多得像重重叠叠的大山，像汪洋浩瀚的大海，累得他气喘吁吁，汗流浃背，看不完，数不清，爱不够……他心中好生喜欢。多少年了啊，他的日子就是在这“小麦梦”的渴望与煎熬中度过的。

他把自己育成的一个又一个优良小麦新品种交给农民兄弟和种子企业，让他们年年大丰收。农民兄弟家家吃得饱饭，穿得暖衣，活得更有品位、更有档次、更有尊严……

他的名字叫王辉。

他知道，梦想有温度，追求有情怀，成就才有厚度。

这梦，蕴含着历史的闪光与辛酸，也蕴含着他火热的希冀。

他以为梦想的花朵会璀璨他的道路，以为前方的阴霾埋藏着炙热的阳光。可不知为什么，他为农民兄弟办实事办好事却不知因何忽然间又处处受阻，花朵中荆棘丛生，阴霾中危险重重，他只是一味地横冲直撞，每一步都是那么艰难……

在通往梦想的道路上，他有时只能原地踏步，无法前行，有时甚至找不到前进的方向，十分迷茫，有时甚至有些微恐惧……

他呆呆地望着天空，一片漆黑，什么都看不见，看不见他要的“璀璨”，他的骄傲，他的理想，他的追求，他的棱角，几乎被磨平……忽而，一种麻木感遍布全身，他已体会不到痛楚，他想哭，却发现泪水已经干了……他想放弃，但那残缺的骄傲依旧高傲着他的心……终于，他向黑暗怒吼：“我永远都不会放弃，没有光明，我就点燃自己，以自己为火

把，照亮自己！”

在通往梦想的道路上，他缓慢而艰难地爬行。前面，隐隐约约有一点微弱的亮光温暖着他的心，他惊奇地看着，这是自己的启明星吗？然而，风仍在呼呼地刮着，雨仍在猛烈地下着，雨不知怎么忽而又变成了雪片，漫天飞舞，雪片忽而又变成了冰雹，鸡蛋样大小，朝他的育种试验田砸来，他奋力扑向育种试验田，用自己的身体护卫着嫩弱的试验麦苗……不知过了多久，他终于艰难地睁开双眼，发现启明星的亮光一闪一灭，光线逐渐暗淡，让他几乎找不到它的存在。他孤独寂寞地忍受着这一切，心中的痛苦无人能读懂，他咬牙坚持着，他怨恨着，他恐惧着，脚步缓慢而又颤抖。他深深地呼吸，微微直起身子，想平复内心的汹涌波涛，眼神坚定地向着前方，心中多了几分执念与毅力。而那条道路，此时竟也平坦了起来……

他在通往梦想的道路上，快速地行走着。再回首，一个个脚印，都在诉说着一番番辛酸，他以为自己已经经受住了磨难，心想再大的苦痛磨难也奈何不了他半分半毫，一股豪气徒然从丹田中往上升腾，喷涌，汇聚成浩瀚奔腾势不可挡的熔岩……

眼前的启明星骤然加亮——一种华而不实的感觉，天地间的明亮，照亮了他前方的荆棘，大片大片的荆棘肆无忌惮地生长着，找不到一点空隙，然后便是死灰一般的昏暗。他前行在荆棘上，脚上、腿上、身上一道道伤口往外渗流着鲜血，他几次差点晕厥。只是，那漫长的荆棘之路上，启明星时而明亮，摄人魂魄；时而又昏暗不觉，仿佛一切又回到了原点。“我走不出去了，我只能认……”这样的声音一遍一遍地在他心头掠过，享受过一段安乐时光，便接受不了这天上地下的差距。“不——”他猩红着双眼，不再理会还泛着血珠的伤口，只是一味地向前冲……

在通往梦想的道路上，他谨慎地奔跑着。此时的他已遍体鳞伤，但伤口都已结疤。抬头仰望天空，启明星已变得更加明亮，但在这明亮中，依然有着些许的闪烁，它在告诫着他什么？而前方的道路，依旧是茫茫黑暗。他不知道黑暗中蕴藏着什么，他更不知道黑暗的尽头需要多久才能到达……

他奔跑在追梦的路上，在磨难与苦痛中奔跑，这条路真的好难，好难……

奇怪，儿时的梦想怎么这么快就实现了？——一个这么美好的麦下乘凉梦——小麦长得比高粱还高，小麦穗子像扫把那么长那么大，麦粒像乒乓球那么大。干累了农活儿的农民兄弟们正三人一堆、五人一群地坐在高大的麦穗底下乘凉，有的在喝着一罐罐酽茶，有的在下棋、丢方，有的在谝闲传、说古今、摆龙门阵，有的在一边打扑克一边侃大山，有几个妇女正在悄悄拉话，有一群老人正在聊天、唠嗑……

一阵鸟啼声将他从梦乡中惊醒。他透过窗玻璃看着窗外，大失所望，窗外依旧是白茫茫的一片，毫无生机。原以为春天到了，原以为那不是

梦，可现实却事与愿违。

“啾啾”一只鸟儿从窗外飞过，落在窗前的玉兰树上。他恍然大悟，明白是春天来了。仔细看，玉兰树的树枝上已经萌发出一个个小芽了，这是希望。这不是梦？似梦非梦。又似乎是他人生路途上一个必经的历程。

篆书小麦的“麦”字

迈步走到田畴间，但见花儿追求雨露滋润，因为这能让它更绚丽。小草追求它的绿意之地，因为这能让它更自由。看远处，路边的大树追求一片栖身之地，因为这能让它更好地茁壮成长。望天空，雄鹰追求一片蔚蓝的天空，因为这能让它一展风采……“万类霜天竞自由”，万物各有追求，都为了自己的梦想。

清风拂面，他清醒地意识到，人不能没有梦想，没有梦想的人生是没有方向的，是颓废的。人有了梦想仍然是不够的，还要学会追求，没有追求一切都是枉然。他相信“苍天不负有心人”，梦想不会抛弃苦心追求的人，只要不停止追求，人终将会沐浴在梦想的光辉之中。也许人生本就是一场追求，沉浸着拼搏的汗水；也许人生本就是一片绿意盎然的森林，展现出欣欣向荣的图景，启迪人们用燃烧的热情与火焰，追求自己的梦，点燃自己的梦，为下一站奋斗……

潜意识则告知他，梦境会成为现实。祖辈和师长加上自己的无数次实践，都曾不止一次地明明白白告诉他，梦想是前进的动力，是成功的翅膀。梦想有一双天使般的翅膀，无处不在。每个人都有未圆的梦，为梦坚守，为梦执着，为梦追逐，为梦奋斗，正是人生的价值所在。追求梦想是每个人的权利，追梦、筑梦的过程，就是享受人生的过程。到梦想变成现实的那一天，你会感到无比喜悦，快乐，自豪。在追梦、筑梦过程中，要让梦想为自己的人生导航，朝着梦想前进。让梦想变成现实的最好方法就是不断地去追梦，追得越努力、越执着，梦想就离你越近，你若稍一松懈，梦想就会离你远去。实现梦想的最大障碍，往往不是别的，而是自己。爱拼才会赢，只要朝着梦想的目标不懈奋斗，最后的灿烂终将属于你……

这时，他欣慰地笑了。伸手摸摸额头，汗津津的。他这才猛然意识到，自己仍在做梦。

而这种梦，自己已经不知梦过多少次了。可一次与一次既有相同，又有不同。

正在拔节生长的小麦

梦，真是个不可捉摸的东西。谁能解释清楚呢？

这样想着，他一骨碌翻身坐起，立即意识到，今天还有非常重要的事要做……

今年已经76岁的他，是西北农林科技大学二级教授、博士生导师、“时代先锋”“敬业奉献好人”“中国好人”“三秦楷模”“陕西好人”和2012年陕西省最高科技成就奖获得者……但他依然像他青年、壮年时一样，如同一头始终忍辱负重、脚踏实地、埋头苦干的“骆驼”“秦川牛”，在麦田里，在实验室里，在课堂上，在小麦品种区域试验基地点上，在关中平原，在黄淮麦区，在江淮大地上奔波着，勤勤恳恳地耕耘着，任劳任怨地劳作着，上课播种科技知识，下课播种小麦试验，在黄土地里和一代代学子的心田里，播撒着绿色期盼和金色希望的种子。

他实在是太朴实了，朴实得如同随处可见的黄土、土地，皮肤黝黑，身材魁梧，衣着简朴，操一口地道的中气十足的实实诚诚的“秦腔”，没有一丝一毫教授的架子，也没有太多知识分子的气息，倒更像是一个地地道道的“关中老农”。

“儒雅范”“斯文”“书卷气”几乎与他绝缘。在学生眼里，他的“标配”装扮是一顶草帽，一件普通衣衫，自备干粮，治学严谨，一年365天，几乎天天在麦田里守候、每天工作10个小时以上，每年守候、工作200天以上，且从来不负光阴。

这一“守”，竟然长达半个世纪……

深知他的人由不得会联想到“大智若愚”“大巧若拙”等词语和鲁迅先生的那句名言“中国自古以来，就有埋头苦干的人，就有拼命硬干的人，就有为民请命的人，就有舍身求法的人。……他们是中国的脊梁”。

他的确够得上是当代中国的又一根脊梁。

他用半个世纪的奋斗，长征般追逐着自己的小麦“种子梦”，育成并

王辉教授

推广了12个小麦优良品种，累计种植面积超过1.5亿亩，新增产值90多亿元，其中“西农979”小麦新品种累计推广面积近亿亩，新增产值70多亿元……他为本科生开设“作物育种学”“作物遗传育种专题”，为研究生讲授“作物遗传育种研究进展”等课程。他发表研究论文40多篇，合作出版专著3部。他培育了一代代学农爱农业农的莘莘学子，其中博士16名，硕士28名……

直到如今已76岁了，而且患有糖尿病、食道静脉曲张等好几种病，每天要注射四支胰岛素，曲张的食道静脉已做过支架手术，医院曾两次给他下“病危通知”，已经退休本该颐养天年的他，仍然“退而不休”地奋战在小麦育种的田畴上。

他坚持认为要想出良种，常规育种这条路必须一直走下去。生物工程育种、太空育种、核育种等等高新技术在育种中的应用，最终还得靠常规育种方法才能走完“最后一公里”。

长期的“面朝黄土背朝天，滴滴汗水摔八瓣”，年年、月月、天天重复着单调而枯燥的工作，满身泥土，浑身被风吹日晒，黝黑得像“非洲黑人”“黑包公”，“远看像讨饭的，近看像烧炭的，走近再看是农学院的”，在别人眼里，他和农民没什么两样，甚至“比农民还农民”。但他却心甘情愿地做这样的“一介农夫”。因为在他心里，有着一颗“大济苍生”的美好梦想——每年从小麦入地到收获，都孕育着希望。这希望的日积月累，就有可能实现他的“大梦想”。他“大济苍生”的“梦想”就是希望能在自己的有生之年，通过不断努力，培育出比自己已经育成并在黄淮麦区大面积推广的“西农979”适应性更好、产量更高、品质更优、抗病抗逆性更强的小麦新品种，亩产能够达到800公斤以上，实现小麦育种“新的突破”，从而使得饱经忧患、苦难深重的中国的农民兄弟们“不再饿肚子”并逐步过上富足、安康、有尊严的日子，也为保障国家粮食安全、优化食用粮品质结构做出新的贡献。

对于小麦育种事业，他除了把自己积累的丰富经验和非常看好的育种材料传给年轻人，还时常用著名的“百岁专家庄巧生”育种的例子，勉励自己也告诉年轻一代学生说“百岁老人、著名小麦遗传育种学家庄巧生先生坐着轮椅还要去试验田呢，我才70多岁，一步步干吧。”

1943年10月16日（农历9月18日），陕西杨陵李台乡五星村西魏店王家，一个男孩的出生让初为人母的女人和全家上下又喜又愁。喜的是，头胎就生了一个“带把儿”的“顶门杠”——这是很多家族、家庭繁衍生息传宗接代的最大期盼。愁的是，光景过得十分恓惶的家里，家徒四壁，破屋子到处透风，两个土坑，一只老瓮上漂着半个葫芦瓢，一个灶台上安着半只破铁锅，一双老人和一对年轻夫妇个个衣衫褴褛，在料峭的寒风中瑟瑟发抖……日本侵略者对中国的蹂躏仍在继续，中国人的抗战正在如火如荼进行中，中国人能否战胜凶残的日本侵略者尚不可知，但日本人竟然派出飞机越过天下第一雄关——天险潼关，对杨陵实施轰炸。据说是因为1938年，蒋介石曾在地处杨陵的国立西北农学院召开过一次著名的“武功军事会议”，加之这里的国立西北农学院是当时中国培养和造就农业科技人才的重镇，有很多全国乃至世界著名的农业科学家和学者、学生云集于此，更因为中国人已经下定决心走长期抗战的路子，正在以这里和其他好几个地方作为“桥头堡”大力发展大西北和大西南的农业、军工、教育与人才培养，把大西北和大西南作为战略大后方以及未来中国发展与复兴的基地，因而在王辉出生前的两三年，日本侵略者对国立西北农学院施行过三次狂轰滥炸，导致学校及附近村民20余人和部分家畜伤亡，不少楼房、平房及相关设施被炸毁。西魏店距离国立西北农学院仅有五六里路，听说当时村民惊恐慌乱，一度曾躲避到渭河滩上。

他的家乡陕西杨陵李台乡五星村西魏店，是关中平原西部渭惠渠南岸边属于“二道塬”上的一个普通村庄。他们王姓人家算是村里的大姓，其次是郑姓和魏姓。

八百里秦川关中，黄土漫无边。黄土的厚度造就了高原人的厚重，也见证了关中农民昔日的贫穷和饥饿。

从1928年起，陕、甘、宁、青等四省（区）春夏秋三季（4～9月）连续干旱，1929年又是冬春夏秋四季（2～9月）连续干旱。大面积连续干旱范围除陕、甘、宁、青四省（区）外又扩展至晋、冀、豫、蒙等省（区）。这次连续大干旱一直延续到1930年，陕西民间称之为“民国十八年年馑”或“十八年年馑”，其干旱连续时间之长、波及范围之广、酿成灾害之大、造成灾难之惨，堪称中国历史上特重大干旱灾害之一。当时，仅陕西一省，88个县受灾，两年夏秋颗粒无收，饥饿死亡250万人，关中

王辉教授的老家距他的母校不远

大地饿殍载道，十室九空。

王辉永远不会忘记，父亲那双有使不完力气的手和一副挺得笔直的腰板。父亲是家中的脊梁，为了这个穷苦的家，父亲几乎吃尽了天下所有的苦，经历过天下所有的难。

赤日炎炎的夏天，骄阳发疯一般炙烤着大地。天空不见一只飞鸟，连知了也懒得再叫。可父亲，仍一如既往地在地里干活。老镢高高地扬起，又重重地落下。父亲的腰也随之一次次伸展，又一次次塌下。汗，汇成珠，连成线，一串串滴入泥土。嘴唇干裂了，稍微一张口，就会渗出一丝丝鲜血；那黝黑的脖项，一个夏天不知要脱几层皮。

数九寒冬，风在窗外的原野里狂啸，雪粒挟裹着泥沙尘土打在人脸上生疼生疼。黝深的村巷里少有人迹，偶尔飞过一只麻雀，也很快迷离在风雪中。可就是在这样的天气里，父亲仍要出去找活干。不是给人帮工，就是给财主家扛长工打短工。风雪尘沙利刃般击打、切割着毫无遮拦的父亲的身子，父亲瑟缩着，哆嗦着挺力抗拒着严寒。一天下来，父亲裸露在外的每一寸皮肤都冻得不成样子，耳朵冻伤了，手脚冻裂了，有时半夜回家坐在灶火边半个多小时了，还不住地打着寒颤。父亲，纵是挺直了他的脊

梁，一个冬天，也得脱好几层皮。

可是，如果父亲仅仅是受到风吹雨打，日晒霜摧就好了。现实就是这样，它还使得父亲和全家人无时无刻不经受着精神上的折磨。因为村里时不时会来土匪、恶霸、乡绅、兵痞等等巧取豪夺、掠夺打抢。

父亲当时给他说过的让他印象最深的一句话就是“人皮难披”“活人难场”。

傍晚，残阳淌着鲜血般的殷红，浸透了大半边天。父亲那被拉得老长老长的影子在门前踱来踱去。等到在门口的村人们见没有什么危险动静时，才都陆续回家后，父亲这才如释重负般走进破屋里。

“饿！刻骨铭心的饿！”在众多不堪回首的往事中，王辉最难忘怀的是青少年时期这个关乎生命本质的痛苦。“那时，全家人吃起饭来个个如狼似虎，一锅玉米面拌榆钱、柳叶、野菜、玉米蕊、麦糠混在一起做成的糊糊粥，总是一抢而光，个个肚皮吃得鼓鼓的，像罗汉，可又好像从来都没有吃饱过！”几乎所有人都面黄肌瘦，瘦骨嶙峋，衣不蔽体，饥寒交迫，贫病交加。

然而最可怜的还是王辉的母亲，她从来都是让公公、婆婆、丈夫和孩子们先吃，有剩的就吃点，没有剩的就舀瓢凉水喝喝垫巴垫巴……

随后的情形更糟。

共产党的队伍和国民党的队伍在关中一带展开了拉锯战，枪炮声不时传来，队伍一队队过来，又一队队过去，所有村人和家人，无不一日数惊，躲之唯恐不及……

打从能记事起，王辉听得最多的，是大人们讲述的以前多少年随处可见的饿死、冻死、病死的大人小孩……夜夜能听见啼饥号寒的哭泣惨叫甚至鬼哭狼嚎……时时能碰见抢劫掳掠……天天能看见逃荒的一拨拨络绎不绝携家带口“面黄肌瘦”“衣衫褴褛”“似人非人”的人流，时不时地沿门乞讨着从家门口艰难走过……这是儿时王辉对人之为人的“人生”最初也最深的印象。还时不时地听到人们口口相传的一则则“闲话”——多是某某村某某人没啥吃，吃了好多天观音土，好多天拉不出来，活生生胀死了。某某村某某人没啥吃，到某村见有一小片萝卜地，偷拔人家生萝卜吃，吃得太多，连萝卜地都没走出去就死在了地头。某某村某某人没啥吃，吃了好多天棉花套子，最后还是饿死了；某某村某某人饿得实在没法子了，偷某财主家的鸡未成还被打死了；某某村某某人失踪了；某某村某某人被抓了壮丁了；某某村某某人家被土匪抢了……更有甚者，令人阴森可怖的是“某某村某某人把死在路边的人煮着吃了”之类的传闻……

20世纪三四十年代随处可见的逃荒者

中华人民共和国成立前中国随处可见的乞讨流浪者

中华人民共和国成立后，战乱年代出生的王辉有幸进入小学读书。由于家境贫寒，王辉读书时印象最深的仍然是饥饿。

饱受饥荒之苦的王辉，切身认识到了粮食的重要性。

地里打不出粮食，亩产50斤左右的小麦，无法填饱一家人的辘辘饥肠。在杨陵姚安小学读高小那两年，王辉每天天不亮就起床，给书包里塞块干硬的玉米面粑粑馍，头顶星星，深一脚浅一脚地去学校，边走边啃玉米面粑粑馍。他常常不敢一口气吃完，只能啃到不饿为止，剩下的小心翼翼塞进书包，等到肚子咕咕叫时再啃几口。从西魏店到姚安小学，沿途要经过一片片麦田。麦子刚种下去，他们一帮学生娃就盼着麦子出芽儿。过完年，地气上升，王辉去地里挖荠菜时又盼着麦子快快长高。麦子扬花时，他禁不住凑到小麦穗子跟前闻闻，伸手捏一捏，瘪瘪的，恨不得拽一下让它飞长。等到麦穗鼓起来，有时肚子饿得实在忍不住时，他就去掐一个麦穗，揉搓着吃。麦子发黄发亮时，地里到处是弯腰弓背挥镰割麦的农人，王辉也帮着家里割麦子，背麦个子，上场碾打麦子，扬麦子，晒麦子。虽然累，但心里乐呀，终于有麦面馍吃了。但是，吃不了几顿，又变成干硬冰冷的玉米面粑粑。

一百多年前的西安城门及城墙

40年代的西安市内商铺、街道、行人

王辉对三年自然灾害时期“没粮吃，拿树叶、树皮充饥”的记忆也很深，发誓“要让农民吃饱，不再挨饿。”

直到初中毕业，王辉和全家人似乎从未穿过一件新衣服。全家所有人穿的衣服全是大洞小眼，补丁摞补丁。

王辉说，在杨陵中学读初中时，适逢三年自然灾害时期，顿顿喝玉米糁子。那玉米糁子稀得能照见人影影。情况好的，能吃到玉米面和麦面掺和在一起蒸的馍馍，他却很难吃到。靠什么打发饥饿？王辉的同班同学杨树忠说，他经常看见王辉一个人坐在操场边看书。问王辉当时的记忆，他说，看书入了迷，真能忘记肚子的饥饿。远离吃饭的同学，远离饭堂，静静地待在操场偏僻的角落，闻不见别人吃馒头的香味，心里会好受些。学校每个月给贫困生发三块钱助学金，他偶尔还能买个白面馍吃。那时，能顿顿吃上一个麦面白馍，是他最大的期盼和念想。

从父亲身上，王辉继承了坚韧与自尊。从母亲身上，王辉继承了善良和爱心。这四样东西融铸在王辉的血脉和躯体之中，奠定了他坚实的人生基础。

当他14岁刚刚上初中时，他母亲因病过早地撒手人寰。这无疑对他和整个家庭是一个太过沉重的打击。

20世纪40年代杨凌一带的农村及村民

不久，父亲又娶了继母。继母带了三个孩子到了他家。连同他和弟弟妹妹，全家就有了六个孩子和爷爷奶奶父亲母亲四个大人，成了一个偌大的十口之家。

缺吃少穿的日子过得实在太艰难太恓惶，不得已，经过父亲和继母商量，将继母带来的三个孩子中的一个送给继母娘家一位哥哥抚养，把王辉交由爷爷、奶奶经管。

“没妈的孩子是棵草”，由于爷爷、奶奶年纪已经很大，没有多少劳动能力，失去父母双亲呵护的他，此后的日子过得更是不易。好在爷爷奶奶挺疼爱他，父亲也或多或少地能照顾他一点。

那时几乎家家都很穷，他家更是雪上加霜。

穷人的孩子早当家。那时他已经成了“半桩小伙子”，好多事都能自己料理了。

也许正是由于青少年时代生活重压的反弹，王辉这个来自关中黄土地的强悍生命，在经历过一番番刻骨铭心的磨砺、锻打之后，爆发出一股令人惊叹、叫绝的忍耐力和冲刺力。

但忍饥挨饿、缺衣没鞋的情况对他仍然是“家常便饭”式的“常态”。

王辉成年和真正成熟之后才知道，对一个生命个体而言，苦难是上苍另一种形式的爱。自己的人生遭际，与整个人类无数苍生相比，并不算什么。越是能从人生苦难中寻找生命光芒的人，越是生命的勇士。然而，王辉自己也觉得不可否认的是，正是这段并非最最苦难的人生遭际，奠定了他的人生“底色”——他总是把苦难、煎熬当作一种挑战、磨砺、考验。如今已年过“古稀”的王辉，每每回首往事，百味俱陈之余，难免生出“苦难是人生一笔最为丰厚的财富”的浩叹。

历史和当代，出现过许多生命放出光辉的人物。但一个不容忽视的概率是，历史上所有成功者，都是多磨多难的。他们像烈火中的钢铁、锤击下的燧石、风霜中的红梅，经一番磨难，放一番光彩。人们惊羡一个筋斗十万八千里的孙悟空，但八卦炉中又该是怎样一种滋味？常言道，不经一番彻骨寒，哪有梅花放清香？树经风雨成大材，寒凝大地发春华。多难才能兴邦。人才的成长成功也是同理，也常常是“多难”而兴。因为克服困难，奋战逆境的过程，也正是造就人才的必由之路。岂不闻“屡败屡战”“愈挫愈奋”“压迫愈深，反抗愈烈”之理乎？

今年已经81岁的杨陵中学退休老教师马一平，提起让他自豪的王辉这个学生，总是夸个不住口。马一平老师说王辉当年在学校担任学生会主席时就立志学农。王辉的堂叔王谦早年在西北农学院读书深造，大学毕业后留校在西北农学院教书。王辉读高二后，有时放学会去堂叔那里住。

王辉说，那时他常到堂叔家去。每每走上西北农学院南门前的“五台山”，走在落日余晖掩映的西北农学院校园，踏着夕阳眷念的小径，尤其是站在西北农学院北校区南门前朝南眺望，一股难以名状的心潮禁不住一次次在他的胸中撞击、回荡，他反复咀嚼、设想、规划着自己的未来，最

今日站在西北农林科技大学北校区南门外“五台山”顶向南眺望

终他毅然决然地决定，高中毕业，一定要到这里来上大学。

闲暇时，堂叔王谦给他讲沈学年教授，讲赵洪璋院士，讲李振声研究员，讲他们的科研、成果、贡献、影响……特别是西北农学院以赵洪璋院士为首的专家教授培育出来的好几批小麦优良品种，在农业生产上发挥了巨大作用，对新生的人民共和国予以强有力的支持，西北农学院和赵洪璋成了全中国家喻户晓的话题，这对王辉产生了极大的吸引力。毕竟，麦面馒头的香味，是他学生时代挥之不去的永恒记忆。

王辉的堂叔王谦还喜欢给王辉讲西北农学院辉煌的历史。王辉从和堂叔的聊天中，了解到国立西北农林专科学校直至西北农学院的来龙去脉，知道了于右任等选址杨陵创建这所农业高等学府的深远用心，也对杨陵适宜各种农作物试验的三道塬地貌有了理性而宏阔的认识。

晚霞中的西北农林科技大学北校区一角

王辉的堂叔王谦也给他讲中国古代农业，讲五谷，讲后稷。他知道后稷。王辉的出生地西魏店村，距离后稷的出生地有部国遗址“圪瘩庙”村只有二里多地。打小，父亲就给他讲过后稷的传说和故事。说后稷是帝喾的“元妃”（第一个妻子）有部氏姜嫄生的。后稷从小爱干农活，通过大量实践，掌握了很多耕种技术，种植的百谷苗壮茂盛，穗大粒圆。尧、舜两代帝王让他担任大田师、农师，负责全国的农事，他的职务相当于现在的农业部长。后来后稷还追随大禹王到全国很多地方推广农耕技术，教老百姓种庄稼，让天下的民人百姓都能吃饱饭。因了后稷的这一伟大功绩，中国的先民就把后稷敬为“农神”，世代祭祀敬拜，相沿成习。

杨陵“圪瘩庙”村古有部国遗址

杨陵古部国遗址碑

后稷的巨大功劳中，有一项就是“诞降嘉种”，也就是现在说的选择优良种子播种。第二项就是“相地之宜”，也就是根据不同的地形、地貌、地力，选择适宜的作物栽种。

是啊，这里的确是一块颇具神奇色彩的“风水宝地”。颜色如同金子一样的关中平原八百里秦川黄土地，是渭河亿万年冲积形成的盆地和平原。这里的黄土地土层深厚而肥沃，捏一把都能流出油来。南、西、北三面环山，地处东有潼关、禹门关，西有大散关、萧关，南有武关和竹林关，北有金锁关，个个都是“千古雄关”的关中盆地之中。

它的南部，是巍峨的秦岭群峰，统称终南山，是关中平原的南部屏障。其主峰太白山海拔3 767.2米，相对高差3 000米，海拔3 400米以上的山顶部为保存完整的第四纪冰川遗迹，形成特殊的自然景观，因而远远望去，如同皑皑白雪，故有“太白积雪六月天”之“关中八景”。太白山因唐代大诗人李白曾在此山长久行吟而得名。山下曾有酒作坊今名太白酒厂，亦因李白在此醉卧不归而得名。

可不要小看了这太白山和秦岭。它不是一座普通的山，它有“中国的父亲山”“中国的脊梁”之美誉，它所处的地理位置非常特殊，居暖温带之南缘、亚热带之北界，东临我国东部湿润平原，西承青藏高原，生物种群南北过渡，东西承接，四方杂居，种类多，区系复杂，汇聚了丰富的生物资源。它将地球上数千公里范围内才有的气候带、植物带、土壤带和动物带垂直地分布在海拔620～3 767.2米的山地范围内，形成包括3个植被带、7个植被亚带、15个植被群系在内的植被分布带谱。山上生物种类繁多，起源古老，是天然的物种基因库，素有“亚洲天然植物园”“中国天然动物园”之称。内有种子植物、苔藓植物1 850余种，其中可利用的经济植物1 000多种。加上有历史悠久的著名汤峪温泉和多达360多个寺庙、道观等景点，自古以来就是帝王将相、才子佳人、文人墨客必游之地，也是西北地区重要的宗教活动场所，留下了大量名胜古迹、人文景观、逸闻趣事和神话传说。

太白山下的关中平原中间，又有渭河日夜不息地流淌着亿万年不变的古铜色的泥沙汁，还有泾河则亿万年流淌着清清的水流，其他大小河流，纵横密布，自古就有“八百里秦川”的美称。杨陵就处在“八百里秦川”的腹心。

在杨陵这块古称古邰国的神奇而古老的黄土地上，也同样是物宝天华，人杰地灵，钟灵毓秀，气象非凡。渭河横穿东西，在渭河北边不远处又有一条与渭河平行向东流淌的漳河，东部则有漆水河自北而南汤汤而来。加上李仪祉在古代成国渠基础上兴修的渭惠渠以及后人所修的高干渠，故这里便有“五水润杨陵”“五水绕杨陵”之说。日月经天，往来升降，穷万物之哲理；长河行地，洪纤巨浪，尽万物之情态。故而这里就有“东控平原、西翼凤岗、南临渭水、北带长川、前挹太白之秀、后负周原之美、襟渭带漳、携漆振邰”之非凡气势。这里的渭河三十年河南，三十年河北，漫野横流；这里的树多是箭杆杨、大白杨、泡桐、中国槐，一个个树干粗直，枝叶紧凑，直而不弯；这里大蒜生紫皮，辣椒吊长线，绝非湖南四川可比；这里黄牛大如骆驼，毛驴大似骡马，且其声音洪亮，一旦鸣叫，赛过雷鸣。这里的万事万物得受于地面辽阔粗犷、土层深厚肥沃之影响，加之人为万物之首之灵长，必然形成向外扩张的民风民性。走遍杨陵，所到村庄，土墙均用木板或木椽夹黄土夯筑而成，墙高檐宽，房与房不讲对称，横七竖八一任自然，但家家门前一丈两丈出路，路与路交岔，箭杨高耸，泡桐国槐遮阴。这里的人不但喜食辣、酸，且面条做得非同一般，要么就是宽如裤带佐以辣椒、蒜瓣蒜泥、油炝香醋的“杨陵蘸水面”，吃起来酣畅淋漓，浑身舒坦。要么是细如织毛衣针并薄、筋、光，汤内佐以大肉丁哨子、黄花菜、黑木耳、鸡肉丝、海带丝等，做成酸、辣、香的汤，盛面时碗里只有“一筷子头”面条，一碗汤，人们只吃面条不喝汤，汤要回到汤锅里，大火不停地烧，烧得滚滚沸腾了再用，当地人称“涎水面”或“汤汤面”，

杨陵蘸水面

现在则改称“旗花面”“一口香”，其滋味醇厚，令人回味不已，有人赞之“薄如纸，细如线，下到锅里莲花转，捞到碗里像条线，吃到嘴里光又绵”，再怎么吃也吃不腻。

离杨陵不远的岐山、凤翔一带的面条著名品牌则首推以“薄、筋、光、煎、稀、汪、酸、辣、香”为代表的“岐山臊子面”或“岐山哨子面”。“薄、筋、光、煎、稀、汪、酸、辣、香”9个字，是“岐山臊子面”的“九字秘诀”“九字真言”。

杨陵旗花面

岐山臊子面

到了陕西，就到了一个面的世界。陕西的面食，除了杨陵蘸水面、杨陵旗花面、岐山臊子面，还有户县摆汤面，西安箸头面，乾县鸡面，合阳页面，三原疙瘩面，永寿血条面，渭南炉齿面，以及扯面，抻面，油泼面，蒜蘸面，片片面，酸汤面，棍棍面，削筋面，大刀铡面，饸饹面，刀削面，礼面，猴头面，角角面，削面，飙飙面，龙须面，翡翠面，菠菜面，刕面，钢丝面，杠子面，凉面，烩面，卤面，浆水面，米儿面……花样各异，做法有别，滋味不同，品类多达四五十种。山西的刀削面到了陕西，就被改造得比山西更地道，更好吃。甘肃的兰州拉面到了陕西，做得比甘肃、兰州更讲究，也更有滋味。尤其是十多万字的中国字里面笔划最多的一个字“𰻝”（biang）字，就出自陕西的面食——𰻝𰻝面。西安市也因此于2017年年底荣获联合国颁发的“国际美食之都”称号。

𰻝𰻝面

说起这𰻝𰻝面，王辉听过这样一则在陕西、在西北甚至全国流传甚广的故事。

相传古时候有一位怀才不遇但愤世疾俗又贫困潦倒的读书人，某日来到秦都咸阳，路过一家面馆，老远就听到里面传出的“biang——biang——”之声不绝于耳，早已饥肠辘辘的他不由得踱将进去。只见面案上摆了和好的长条状面块儿，师傅抓住一块面的两头，伸展双臂双手，左一下，右一下，顷刻间摔打成裤带般宽窄的几根面条，一甩手准确无误地扔进沸腾的大锅里，不一会儿，就从锅里捞出一大老碗，碗底早已事先盛好佐料和豆芽、青菜，最后在面条碗中浇上一勺红红的油泼辣子，热腾腾、香喷喷地端到食客桌上。读书人一时看得兴起，大叫一声：“好面！店家，来一大碗！”

“好嘞！这位客官一大碗！”店小二一声长长的吆喝。

“biang——biang——”几声摔打，顷刻间也是一大老碗摆到读书人面前。

读书人端过老碗，三下五除二，一阵“横扫千军如卷席”，顷刻间吃了个干干净净，直咥得读书人大汗淋漓，内外通泰，无比舒坦。

“店家，结账！”读书人招呼一声。

店小二一声“好嘞！”立马凑到读书人近前。

读书人一摸衣兜，心想坏了，一时忘形，竟忘了自己早已身无分文，顿时窘住。刚才的通身大汗，舒坦通泰，似乎全都冷冰冰地刷在了那张脸上。

一旁，店小二扑愣着两只眼睛，耸着肩，似乎一脸的坏笑。

“小二……”读书人讪讪，话头刚出，就被店小二一句“客官，本店小本生意，概不赊账！”硬生生堵了回去。见店小二一副毫不通融的模样，读书人又伸手往自己身上摸去，左一摸，右一摸，上一摸，下一摸，好像迟早会摸出几文钱来似的。

店小二心想“估摸是个穷读书人，看你能摸出什么来。”

“天啊，这不是有辱斯文么？”读书人一边摸，一边思谋着脱身之策。想着，摸着，就与店小二有一句没一句地搭讪“小二，你们这面何名？”

店小二模仿着读书人的腔调和口吻说“biangbiang面”。

读书人腔调一转，一脸严肃地问：“既然有名，为何不见悬挂招牌”？

读书人的变腔变调，引来了店里店外不少看热闹人的围观。一时间，众目睽睽，一个个虎视眈眈。

“这个，这个——”。店小二一时语塞，又不得不吐露实情“我们店是远近闻名的老字号面店，因其用材上乘，佐料一流，特别是制做师傅将面条在面案上摔打撞击，发出biangbiang的声响，故称biangbiang面。曾请了好多读书人写招牌，但因无人能写出biangbiang二字，故此一直未能悬挂招牌。”

一听店小二此言，读书人顿时有了主意“小二，你与老板回个话，本人今天为你们店写这招牌，权顶饭钱如何？”

店小二一听，立马进店里间禀告店主。

店主听了小二的禀报，立马与店小二一同出来拜见读书人，打拱作揖，恭恭敬敬地表示诚心诚意地请读书人为面店留下墨宝。

其实这位读书人也一直在犯难，不免心里嘀咕，嘴上也嘀咕。因为他搜索枯肠，发觉字书上确实没有这biangbiang二字。想想自己寒窗苦读十数年，至今仍然功未成，名未就，竟在众目睽睽之下，几乎落到赖账这步田地。天理何在啊！罢罢罢！文字本是古人造。既然古人能造出字来，我为何就不能造出一个字来？想到此，读书人大喝一声“笔墨伺候！”

店主与店小二立马腾出一张饭桌权作书案，摆上文房四宝。

只见读书人挽挽衣袖，拈笔濡墨，略一思忖，竟笔走龙蛇地挥洒起来，还一边挥毫，一边情不自禁地口中念念有词：“一点飞上天，黄河两头弯，八字大张口，言字往进走；东一扭，西一扭，左一长，右一长，中间夹着个马大王。心字底，月字旁，留个钩搭挂麻糖，坐个车车逛咸阳。”

写毕，读书人掷笔于案。

满堂看热闹的人一看案上读书人写的遒劲有力、龙飞凤舞的字迹，齐声喝彩。

从此，这𰻞𰻞面连同这首顺口溜歌谣，名震关中，不胫而走，传遍陕西，走向全国。

中国字中笔划最多的“𰻞”（biang）字

王辉儿时就不知和小伙伴们唱过多少遍这首“𰻞𰻞面”顺口溜歌谣。

君不闻“八百里秦川尘土飞扬，三秦儿女吼唱秦腔，咥一碗黏面喜气洋洋，没有辣子嘟嘟囔囔”的民谣乎？这里的人也不例外。假如让一个

第三届杨凌小麦文化节上，“女汉子”端大老碗咥面

身躯高大威猛如同秦始皇兵马俑般的关中汉子，不手执铜琶铁板高唱大江东去，而要去唱那伊伊呀呀软绵绵的细腔柔调，怎么行？尤其是一个似乎“土得掉渣”其实古雅得不能再古雅的“咥”字，十分逼真十分形象十分传神地描画出陕西人的“吃相”——只有陕西那种刚梆硬正、剽悍洒脱、豪放大气、痛快淋漓、大快朵颐的“吃货”才能感受到的从外形到精神以至内心深处都十分满足的内外通泰、浑身舒坦、“滋润”美感与享受。

当然，细细琢磨𰻞𰻞面的𰻞字，除了描画咸阳的山川形势，还把做面师傅制做面条时的身形、动作及技巧尽含其中。最上边的宝盖头或穴字头，表示是在房子内、屋内或穴内；“言”字表示制作时摔打发出的声音；左右两边的“纟”，表示面条由粗抻细；左右两边的“长”字，表示面条越扯越长；中间那个“马”字，表示制作人站立的“马步”身形；下边的“心”字，表示制作者得十分用心；左边的“月”字，既表示时间，又表示佐料中有肉或油脂类蛋白质；右边的“立刀”，表示必要时要用刀；最下边的“走车”，则表示面条制作的步伐、动作与运送过程。

威威乎青天红日，浩浩乎渭水长行，朔风劲吹，大道扬尘，广袤的关中黄土高原上皇陵排列，断石残碑上记历代名胜古迹，皇家高冢斜倚于田埂，诉说着往昔的故事。只要你打这儿一经过，既能感受到猎猎历史的风云变幻，又能体会到现代文明之万千气象。这里既是中华历代兴邦立业之根基所在，又是中华民族威武刚强多姿多彩之渊源。

父亲讲的故事早早给小王辉种下了从事农业的梦想，加上堂叔王谦循循善诱的引导，尤其是早年长期饥饿的煎熬，使王辉从小就深深地爱上了小麦，爱上了农业。

朦胧中，他似乎就有了用科学技术改变农业尤其是改变小麦生产落后现状的念头。

是啊，在中国960万平方公里的土地上，能有哪块土地像陕西这块地方一样萦绕在每个炎黄子孙的心中和梦里？自三皇五帝以至周文王起，秦汉直至隋唐，一千几百年的帝王古都建于此，及至延安，黄土高原又孕育了一个新中国的母体。这里，有先祖轩辕黄帝和神农氏炎帝的陵墓，有震惊世界威震天下的大秦军阵及其指挥中枢，有气势磅礴“横扫千军如卷席”的汉武帝茂陵，有武则天百代存疑的无字碑，就连尧、舜两代帝王的

大田师、古农师后稷教民稼穑的讲台“教稼台”，也座落在陕西的土地上——而且就在离王辉自己的家乡不远的地方。陕西的每一寸土地，都在中华儿女的心头压着沉甸甸的历史的凝重……

1964年，王辉高中毕业，参加了当年的高考。

他填报的第一志愿就是西北农学院农学专业。因成绩优异，他被顺利录取。

当年9月，他就坐进了西北农学院农学系农学专业的教室。

这是他学海扬帆远航最终迈向“种子人生”的关键一步。

因为，他由此得以有幸追随一代小麦育种大师、中国科学院院士赵洪璋教授，成为这位大师的一名嫡传弟子。

名传百代的后稷教稼台

陕西省武功县老武功镇的教稼台

一个像黄土地一样质朴的人在黄土地上思考、耕耘、播种、创造、奉献，把自己最珍贵的年华、智慧、血汗和才能提炼、升华为一炬炬科学技术的圣火，为黄土地上千千万万农人送去一个个丰收的希望和累累果实，送去福祉和安乐。这个人，就是他的老师、著名小麦育种家、中国科学院院士、全国劳动模范、西北农学院教授赵洪璋——他最为佩服、最为珍爱的人生导师。赵老师的心愿、行为，凝聚着黄土地历史的责任。赵老师的精神，赵老师的追求，成了他学习、效仿、亦步亦趋的最好榜样。

国立西北农林专科学校奠基时烧制使用的“农专”砖

西北农林科技大学北校区三号教学楼

第一次听赵洪璋老师讲课，是关于“碧蚂 1 号”的专题。一场报告下来，王辉知道了“碧蚂 1 号”“杂交”“系谱法”等概念。课后，他找赵老师借来讲义，认认真真抄了一遍。他记住了150～200公斤的产量，记住了“碧蚂1号”9 000万亩的最大推广面积，记住了碧玉麦和蚂蚱麦的杂交组合，记住了抗倒伏、抗病、高产、优质的特点，记住了中外、冬春不同小麦基因源合流后的遗传潜力。

第二次听赵洪璋老师讲课，是关于“丰产 3 号”的专题。他提前借来讲义抄写，边抄边勾画重点，边用心记，懂得了小麦增产50～100公斤不是神话。“丰产3号”茎秆健壮，耐肥抗倒伏，穗大质佳，比村里解放后种了十多年的碧蚂麦产量明显提高。而赵老师利用来自西北欧冬性极强的晚熟品种做杂交亲本的探索精神更是深深感染了他，使他明白，在小麦育种领域，要想取得卓越的成果，须得有打破传统观念束缚的勇气和能力。

伴随办公室多次更换搬迁但一直被王辉教授携带珍藏的小麦育种大师赵洪璋院士像

不久，他得知杂交高粱、杂交玉米、无籽西瓜已广泛应用于生产。

那时候，王辉在学校三号楼上课，晚上有时住在农作二站。农作二站是西北农学院的教学试验农场，有标本区、试验区等。农作二站种着赵老师的“丰产3号”。王辉每每从试验区走出去走回来，看见“丰产3号”长起一层淡绿色的雾时，他就会做梦。梦里自己也变成一棵麦子，长在赵老师的试验地里，跟“丰产3号”一样茁壮。赵老师有时带着王辉他们一班学生到地里实习，看着麦子讲。株型、根系、叶子、麦穗、产量、性状等等，书本上原本死板的知识全都鲜活起来。

20世纪50年代西北农学院三号楼前的摊贩点

播种、杂交、选择、考种时，王辉总是非常专注，聚精会神，达到忘我、痴迷的程度。他特别喜欢亲自操作和实践。每次实践，王辉都有一种特别的新鲜感、兴奋感，比起单纯学书本知识，王辉对小麦育种的程序和具体操作更痴迷，更有兴趣。

特别是看到“丰产3号”成熟时的一幕幕情景后，王辉更坚定了自己从事小麦育种的人生志向。即使距离那时50多年后的今天，王辉依然能清晰地回忆起那个画面。赵老师试验区的地头插着“丰产3号”的木牌。年轻气盛的王辉看着一层整齐的小麦，呆在那里，心头忽然升起一种从未有过的神圣感。王辉的老家在杨凌，自家的麦地就在两三公里外的五星村西魏店，从小长这么大，哪见过如此整齐、长势如此具有非凡摄魂夺魄般魅力的麦田？哪见过如此神奇的画面？哪见过如此痴迷小麦育种的老师？

但王辉此时并不清楚，他在大学时代萌发的这个“种子梦想”，决定了他日后肩头担子的分量。

上了西北农学院，王辉的农业科技知识和眼界大为扩展。这时他才知道，自己生长于关中农村21年所直接接触和获得的农业尤其是小麦知识，实在是太肤浅太“井底之蛙”了。小小的小麦，简直就是一个“庞大的世界”。他如饥似渴地吮吸着无边无际的知识，除了课堂上聚精会神地听讲、田间实践时认真地观看、飞速地记录、深沉地思考，剩余的一切时间，他都用到学习上，钻图书馆，泡在书籍的海洋中，他就忘记了身外的一切。抄笔记，抄讲义，直抄到手指发酸、发麻。熬夜，直到困乏得上下眼皮打架。做田间育种实验，他和同学们一起严格按老师的指导认真操作、记录、思考……

通过老师讲解和钻图书馆持续猛读，他才得知，小麦是中国最重要的口粮之一，是我国粮食系统中的重中之重；是营养比较丰富、经济价值较高的商品粮，也是全世界除玉米外的第二大作物。水稻则排在第三位。

小麦是单子叶禾本科植物，籽粒含有丰富的淀粉、较多的蛋白质、少量的脂肪，还有多种矿质元素和维生素B，是中国北方粮食的最主要种类。小麦产业的发展直接关系到国家的粮食安全和社会稳定。

小麦按播种季节，分为冬小麦和春小麦。冬小麦为越年生作物，秋季播种，一般是冬前生长营养器官，越冬后次年先形成生殖器官，夏季收获，生育期较长，且不同地区生长期差异较大。中国南方冬麦区为120天，北方冬麦区为270天以上，西南部高海拔地区甚至长达330天以上。全世界的冬小麦种植面积约占小麦总种植面积的75%，分布广泛。春小麦春季播种，当年夏、秋收获，春小麦生育期短，通常为80～120天，种植面积约占小麦总种植面积的25%，多分布在纬度较高地区。

我国的小麦，也以冬小麦为主。

小麦品质的好坏，取决于其蛋白质的含量与质量。一般而言，春小麦蛋白质含量高于冬小麦，但春小麦的容重和出粉率低于冬小麦。

小麦按表皮的颜色不同，分为白皮小麦和红皮小麦两种。白皮小麦呈黄色或乳白色，皮薄，胚乳含量多，出粉率较高。红小麦表皮呈深红色或红褐色，籽粒两端较尖，腹沟较深，皮层较厚，胚乳含量少，故出粉率较低。

小麦按籽粒胚乳结构呈角质或粉质的多少，分为硬质小麦或硬粒小麦和软质小麦或软粒小麦。小麦表皮的角质又叫玻璃质，它的胚乳结构紧密，呈半透明状；粉质胚乳疏松，呈石膏状。凡角质占本粮粒横截面1/2以上的籽粒，称角质粒。含角质粒50%以上的小麦称硬质小麦或硬粒小麦。硬质小麦含蛋白质、面筋较多，质量也较好，主要用于制面包、馒头、中国面条等主食品。

粒质特硬、面粉含量高的硬质小麦，适以制通心粉、意大利面条和挂面。

凡角质不足本粮粒横截面1/2（包括1/2）的小麦籽粒，称粉质粒。含粉质粒50%以上的小麦，称为软质小麦或软粒小麦。软质小麦粉质多、面筋少，适合制作饼干、糕点、烧饼等。

小麦籽粒可用于制酒精、淀粉和糊精，也可作为制葡萄酒、白酒、啤酒、酱油、醋的原料。麦粉经细菌发酵转化为麸酸钠后，可提制味精。

1965年赵洪璋教授荣获的碧蚂一号小麦国家发明证书

小麦从种子萌发到成熟的生长周期中，要经过好几个发育阶段。每一个发育阶段，都要求有一定的综合外界条件，如温度、光照、水分、空气、营养物质等。某个条件对某个发育阶段又起主导作用。迄今研究得比较多的有春化阶段和光照阶段。

小麦自种子萌发后，只要有适当的外界条件，即进入春化阶段，通过这个阶段要有一定的时间和一定程度低温。中国冬麦区自北向南，品种的春化特性分别为强冬性、冬性、弱冬性、偏春性、春性。春小麦都是春性和偏春性，有的没有明显的春化阶段。冬小麦越冬期间，耐寒品种短时期内可耐−20℃的低温，但进入生殖生长后，遇到零度左右的低温就会发生冻害。

小麦茎生长锥开始伸长，标志着春化阶段已结束，外界条件适合即进入光照阶段。此时主要因素是每天有比较长的日照时数和一定的日照天数，其次要求有比较高的温度，以20℃左右通过光照阶段最快，温度低于10℃或高于25℃，光照阶段进展缓慢。如果光照阶段的要求得不到满足，就不能正常发育，不能正常抽穗。

世界上自北纬67° 的北欧至南纬45° 的阿根廷南部，从低于海平面150米的中国吐鲁番盆地到海拔4 100米的中国西藏高原，都有小麦种植。主产区在北半球的北纬30° ～60° 之间的温带地区，南半球的南纬25° ～40° 之间的地带也有一定的种植面积。欧亚大陆和北美洲的小麦面积占世界小麦面积的90%，主要分布在海拔3 000米以下的地方……

他如饥似渴地在农业科技的海洋中扬帆、畅游。

从读书中他才得知，自从盘古开天辟地，人类呱呱诞生，从那一刻起，摆脱饥饿、告别饥饿、远离饥饿，奋力生存，便成了人类历史永恒的、不朽的主题。粮食是人类生存的第一资源，没有粮食，人类的生存与繁衍便会受到巨大的威胁。滚滚历史长河中，历朝历代，各君各王，虽处在不同的疆域，不同的国家，不同的地区，不同的民族，却拥有着同一个亘古不变的梦想——解决吃饭问题。

赵洪璋教授获得的部分奖章证书

因此，中国的先民们反反复复谆谆告诫后人“国以民为安，民以食为天”“食为政首”。

从攻读和深造中他才得知，人类自诞生之日起，就从未停止过对于饥饿的抗争。“人是铁，饭是钢，一顿不吃饿得慌。”中国老百姓们用最朴素、最真切、最直接也最形象的语言，道出了一条真理。

农业是人类发明的一项最古老、最伟大且无可替代的永恒产业。农田中种植的千姿百态的农作物，在远古时代是没有的。农作物的祖先起源于野生植物，在人类长期选择和驯化下，依靠对种子的逐步改良和传宗接代，进化成今天人类赖以生存的农作物。有据可查的历史大约已有一万年。

千万年来，人类通过采集活动选择出千姿百态的农作物，借助种子繁衍、引种驯化和资源交流，把种子传播、扩散到世界各地。随着现代科学技术的发展，特别是杂种优势的发明和利用，培育出高产优质新品种并发展起规模很大的种子产业，使农作物产量大幅增长，为人类创造了一个丰衣足食的世界，大大推进了人类社会的物质文明和精神文明。

由此可以说，是一粒小小的种子，改变了整个世界。

远古时代，采集活动主要由妇女和儿童进行。这可能是他们体力较之身强力壮的成年男人稍弱的缘故。他们主要是在居住地附近的山林中采摘野果，在草丛中搜寻草籽，从地下挖掘可以食用的块根块茎。

在图书馆攻读时，王辉被远古先人们的那一幅幅优美的图景深深吸引——晨曦初放，曙色朦胧，氏族居住地欢闹起来。喊声、叫声、笑声渐起渐大。男人披挂，牵犬系鹰，向茫茫的旷野和大河、大湖、大海、深山进发，不时地包围、捕获野兽，捕捞鱼虾，捕捉野禽，他们或投石掷杈，或弯弓劲射，或扎猛子潜入水下，呐喊声，呼叫声不绝于耳。女人们则牵引儿童，提篮背筐，走向树林、平畴、草坡、沟汊，采集草籽，摘取野果，挖掘块根块茎。嬉笑声，欢闹声，偶尔会有儿童不慎摔倒的哭声，此起彼伏。夕阳西下，夜幕降临，满天遍布着耀眼的金色晚霞。旷野上燃起堆堆篝火，木棍、石块搭起的支架上烧烤着渔猎时获得的兽肉、野禽、鱼虾，灰堆里埋炙着植物的块根块茎，空气中弥漫着令人垂涎欲滴的肉香和植物烧烤出的清香。人们满怀欢乐的喜悦，享受一天劳动获取的食物，歌唱着，跳跃着，嬉戏着，直到疲倦伴送他们进入深沉的梦乡……

经过漫长的探索、观察、对比和总结，先民们逐渐认识到了种子的无比重要性。

秦汉画像石：农田劳作图

秦汉画像石：农田收割图

农业要增产，首先必须解决种子的问题——选育和推广符合人们需要的、适应时代和耕作条件发展的优良品种。只要有了好的种子，就可以在原有的耕作水平不变土壤地力不变的情况下多打粮食，达到远离饥饿、告别饥饿、摆脱饥饿、丰衣足食的目标。

由此，关于种子的科学知识，尤其让他着迷甚至达到痴迷的程度。

一粒种子，能够生根发芽，破土而出，长成参天大树，长成莽莽林海，形成无垠麦浪，漫出无边草原……完全是种子的威力。人类、飞禽、走兽、昆虫、鱼类、蛇类、植物、树木等各种各样的生物，无不如此。

种子的力量，表现的是生命的力量。

有一首名为《种子之歌》的诗写得特别好，令他爱不释手，抄录在笔记本上——

真不知
从哪来这么大的神奇力量
竟顽强地
顶开厚重的石块和土壤
露出
你那幼小稚嫩的脸庞

真不知
从哪来的这股韧劲与坚强
竟勇敢地
战胜严寒和冰霜
在阳光下
展露出势不可挡

噢，原来
你有一个远大的绿色理想
才生发出巨大无比的力量
只因坚定着必胜的念想
才冲破重重阻碍与冰霜
去追寻那梦寐以求的太阳

王辉还得知，所有生物都极端重视种子。有的为了物种的延续，竟然宁可牺牲自己。植物历春经夏，在阳光雨露滋润下，吸收大地营养、泥土精华，就是为了结出饱满的种子。民谚说“立秋十三日，寸草结籽”。到了时候，小小的草，也会举出籽实。动物也一样，飞禽、走兽、游鱼、昆虫、蛇蝎，都有照顾孩子的奇妙方法。他听老年人讲，当飞禽、走兽、游鱼、昆虫、蛇蝎的母体受到伤害时，会提前娩出未足月的胎儿。他由此联想，人是宇宙之精灵，大自然无时无刻不在关注着人类，赋予人类以智慧、语言、文字、情感……赋予万物组成的家园，还赋予人类勤劳的手和善良的心……

出土的隋唐时期彩砖牛耕图

王辉似乎明白了，原来，人类的心，也是造物主埋下的一粒种子啊。无论你处于顺境，还是处于逆境，无论这粒种子已经长成参天大树，还是等待阳光、积蓄力量，都请守住心灵的家园，永远做你的心灵的主宰和守望者。

出土的谷物种子

他还读过我国著名作家夏衍写的那篇名为《种子的力量》的文章。说是有人问，世界上力气最大的东西是什么？答案有老虎、大象、狮子、恐龙、鲸鱼、蚂蚁、金刚……谁会想到，正确的答案竟然是种子。有人不信，竟有科学家作了一个实验。人的头盖骨的结构是最致密、坚固的，科学家、生物学家和解剖学家想尽办法都没法将头盖骨完整地分开，后来，一位科学家想出了一个办法，把种子种到头盖骨里，并提供温度和湿度。过了几天，种子发芽了，它们竟然用一种“可怕”的力量将头盖骨完整地分开了！一颗种子的力量，竟然超过了任何机械物质的力量！这真是一个奇迹！

汉代牛耕画像砖

他模糊地记得，四五岁时的一个夏天，母亲把枕芯里的荞麦皮倒出来晾晒，叮嘱他不要乱动。那些早就陈旧得变了颜色的荞麦皮，因了母亲的禁令反而增加了一重诱惑，引得他偷出一把，埋在屋后的土里。他想，它们都是精灵，会幻化逃走，到有趣的童话世界去。过几天，埋荞麦皮的地方鼓了起来。他不敢用手碰，走上去用脚踢开，即刻跑远，白花花的种子生出的芽吓得他心里一凛——它们不会是来找我报仇的吧！他怕它们会蠕动着爬满全身咬他，很久都不敢去屋后。

上学后，他知道了发芽、生长、开花、结果，知道了“春种一粒粟，秋结万颗籽”。他捡了一粒大豆的种子埋在铁皮罐头盒子里，发芽后就放在阳光最充足的鸡窝顶上，每天放学他都不忘记给它浇水。看着早已被骄阳晒干的土冒着泡，好像看到焦渴的豆苗大口大口喝水，他心中满是欢喜。可是，豆苗总也长不高，一副病歪歪蔫溜溜的样子。好不容易挨到秋天，他发现豆苗只结了一粒可怜的种子，比他种下的那颗还要干瘪。失望之余，他就想那豆苗，肯定是因为铁皮罐头盒子的阻隔不能往深处扎根，又天天在烈日下暴晒，他朦胧地觉出自己的无知和可笑，后悔对不住那粒大豆种子。又想来年善待它的孩子，给它结一大把孙子，可不知为什么，自己终究没能做到……

随着年龄增长和视野的开阔，他知道了种子的力量——可以打开让许多生物学家、解剖学家煞费苦心，机械力量不容易办到的人的头盖骨。丝绸之路上那些商人费尽心机无法解决的瓷器磕碰损坏，也是让种子解决的。种子的传播还充满智慧，如借风远行的蒲公英，粘伏在人和牛羊身上旅行的苍耳、窃衣，顺水漂流的莲蓬，被动物吃进肚子带到远方的樱桃、野蔷薇，通过自身力量完成跳跃的豆荚，当它成熟爆裂时，就像飞出枪膛的子弹……他小的时候，特别爱吹蒲公英，望着那一个个伞兵飞远；进家门前，把趴在裤腿、衣襟上的野种子摘下扔掉，以防大人责怪偷跑去野外玩耍……上学放学的路上，他常常会掐一截燕麦，插在桌缝间，沾点唾沫，看它像钟表的钞针一样有节奏地“自动”旋转……种子实在是太神奇了。生物的遗传与进化，更是令人匪夷所思。

种子的生长需要适宜的环境。那些荞麦是幸运的，那棵大豆饱尝艰辛，终于走过完整的生命，有了自己的果实。这些迥然相异的因果际遇，不可或猜，无法忖度，令人叹息。茫茫天地，每一个生命，最初不都是一粒粒极其普通毫不起眼的种子吗？尽管极其普通，尽管毫不起眼，每一粒种子不都在奋力寻找最适宜扎根的土壤，选择最适宜发芽的环境吗？环境不适宜的时候，它们宁可选择沉默。一旦环境发生变化，比如千年古莲子，在时光隧道的此端，开出彼端粉白、紫红的花朵。生命的力量，何其顽强。

这样想着的时候，他就想到人生。所有人，都渴望在时代大潮中搏风击浪，一展风姿，在社会这个大舞台上华丽登场，精彩亮相。但是，人生不会一帆风顺，世界充满变数机缘，绝大多数人要经受坎坷，饱尝忧患，才可以成熟的心态，重新审视人生，笑对艰难。就像刚刚播种即将发芽的

秦汉制酒画像彩砖

麦田，总要用石碾子压一压，才能把根扎得更深，扎得更牢，也才能长得更壮。千锤百炼才能成钢啊。“猪圈岂生千里马，花盆难养万年松”。那些顺顺当当一路走来的幸运儿，就像温室里的花草，未经风浪，难成大器。种子的力量是巨大的，人的潜力是无穷的。发掘人的潜力，不能

用“顺”，逆境磨炼意志，苦难成就人生。逆境可以将意志的利刃打磨得锋利无比，披荆斩棘；苦难则是成功的梯子，抬高我们接近成功的顶点。同样，理想，追求，信仰……这些闪光的词汇，是我们心灵的种子，用心浇灌，才能结出甜蜜的果实。那么，怎样才能让它们健康成长呢？首先，当然不能在温室花房里培养，那样只会毁了它们。其次，要经受得住生活的风浪。在平庸的生活中坚持，在火热的生活中锻炼，在苍白的生活中积聚，在精彩的生活中恪守，为了心中的理想、追求、信仰永不屈服，永不懈怠，一往无前，不达目的绝不罢休。第三，要多读书，读好书，在书的海洋中遨游、感悟、汲取营养。书是前人智慧的结晶、是生活的浓缩，是我们心灵花园的雨露甘泉……

进入西北农学院的王辉，在四年上学期间及毕业实习过程中，看到自己家乡及学校所在地和周边地区广大农家种植的“农家种”小麦地里，稀稀拉拉地没多少麦苗，麦穗也很小。每当遇上好的年成，亩产也就百十斤左右，要是遇上年成不好，还打不下这个数。

有一天，他和几个同学到附近农村调查，刚刚走上学校东边的头道塬下一个叫代家坡的村子，就听见村里的儿童们在唱一首民谣：“走上代家坡，大麦比小麦多。早上喝麦仁，晌午麦仁喝。晚夕揭开锅，还是小麦它大哥。”王辉知道，民谣民谚是一定的社会事物破旧立新的前奏曲，表达的是民众的向往，代表的是民众的呼声。

新中国成立前的民国政府时期，由于当年辛亥革命的不彻底性，加上长期的国家动荡，社会黑暗，政治腐败，导致农村农民农业日益破败不堪，农民日益贫困，多子女、旱、涝、冰冻、风灾、虫害、鼠害、兽害等天灾与饥荒，加上苛税、摊派、兵、匪、官、绅等“人祸”，搞得劳苦大众家家不安，人人难宁，民不聊生，饥寒交迫，背井离乡，流离失所，有的竟无活路可走……

中华人民共和国成立之初，历经战乱和外敌洗劫的国家和民众真是一穷二白，满目疮痍，苦难深重，百废待兴。正当新生的人民共和国着手重整河山时，却爆发了朝鲜战争，为了保家卫国，不得不派遣志愿军跨过鸭绿江……

矗立在西北农林科技大学北校区的赵洪璋院士石雕像

赵洪璋老师1940年从西北农学院毕业后，一心想通过自己的努力，培育出中国甚至世界上最优质的小麦新品种，解万民于倒悬，救劳苦大众于水深火热之中。

赵洪璋老师研究、调研之余，总是时不时会想起儿时母亲给他讲的诸多神话故事，和自个儿时对小康之家生活的憧憬。

赵洪璋老师的老家在河南淇县当地，也算得上是殷实富裕之家，但也仅仅是每年过春节时，全家才能吃上几天白米细面。小小的他那时就天真而纯朴地想，如果家家一年到头都能吃上白米细面，那该有多好！

幼年时母亲给赵洪璋老师讲的小麦的故事，更是深深地铭刻在他的心头，对他的人生志趣不谛是一种冥冥中的引导。

赵洪璋老师的母亲说，相传在有人之初，人类的生活十分富足，其中一个原因就是那时的五谷产量特别高。五谷之所以产量高，是因为穗头特别大，尤其是麦子，它的穗头是从根部地面就开始长的，整个一株麦子就是一个长长大大的麦穗。

自从造物主给了人类生长小麦的赐予以后，天廷每年都要派天神到人间了解小麦的收成状况和人类对小麦的利用情况。那时，小麦与水稻、玉米、谷子、大豆并称五谷。由于小麦植株上的颗粒是从根部一直长到梢部的，所以每年收获的数量很多很大。由于小麦生产得太多，人类就不怎么爱惜小麦了。有一年，天神又到人间来巡查，发现一户人家把小麦面做成的白花花的馍馍扔得到处都是，另一家的女主人那时正好在厨房锅台边上忙碌，只有三两岁的孩子屙了屎没人给擦屁股，这女人一急，顺手就从面案上准备蒸馍馍的发面团子上掐了一蛋子，给孩子擦屁股，更多的是许多小麦竟然烂在地里没人管。天神心疼地回天廷如实向天帝作了汇报。天帝闻报大怒，下令天兵天将立即到人间把遍地的小麦全部毁掉，不让人类再有小麦可吃。天兵天将得令后立即来到人间，其时正是小麦扬花灌浆之时。天神命令天兵天将个个奋勇，人人争先，将小麦穗从根部用手攥紧往梢部捋个精光。捋着捋着，一位天将就动了恻隐之心，说实话，他从心底里不愿把天下的人们全都饿死，便手下留了点情，仅给小麦的梢部留下很少的一部分颗粒，让人类经受饥馑的惩罚。从此，人间的小麦植株上的籽粒再也不能从根部长到梢部了，而是只在梢部长出很少的一点籽实供人们食用。

赵洪璋老师说，儿时母亲还讲到，小麦本来是天神的儿子。当小麦还没有长大成人时，天神又娶了个后妻，小麦经常遭受继母的打骂和虐待。本来，小麦和其他五谷一样，都是在春天播种秋天收获的。但是，小麦不堪忍受继母的虐待，奋起抗争。继母更加怒上加怒，必欲置小麦于死地而后快，下令小麦只能在秋天播种，在夏天收获，以便让他饱受严寒和酷暑冷热交替的惩罚。小麦无力改变继母的命令，只好在冬天来临之前入土。

天神不忍心让自己的小麦儿子活活冻死，每年都要下厚厚的雪，给小麦盖上一床厚“被子”。小麦感恩于天神父亲之爱，努力长成了世界上最好吃的粮食，作为对父爱的报答……

赵洪璋教授（右二）与农民、学生在小麦试验田中

王辉的母亲也给他讲过一个《麦子的故事》，却是另外一个版本——

人之初，人类因五谷产量高，生活十分富足。

可是不知过了多少年后，人类的愚昧和对物欲的追求越来越大，变得十分贪婪、自私并常常因为贪婪和自私而争斗不休，善心则越来越少、越来越小了。上帝看到这些后，决定要给人类一些警示，以使人类醒悟，重归原来人类的本性上去。于是就派出好几路神仙到人间去。

在某年一个青黄不接的时节，某地的青青的麦子还没有变黄，还不到收割的时间。一个村庄里来了一个讨饭吃的叫花子，他骨瘦如柴，衣衫破烂不堪、蓬头垢面，脏兮兮的身上散发出难闻的气味，一手拄着一根弯弯曲曲的打狗棍，一手捧着一只破脏碗，沿路挨家挨户地乞讨，嘴里不停地诉说着自己的种种不幸和乞讨的原因。可是没有一家人愿意给这个乞讨的老人一口吃的。

当这位不幸的老乞丐依然无怨无悔地讨要到这个村庄边最后一户人家的时候，这户人家的院子里养着一只特别有灵性的大狗却看出了老乞丐的真相，这只大狗就急忙对着主人的屋子叫了起来，意思是叫主人快给老乞丐好饭吃。这家的主人听见狗叫得这么急、这么怪，以为出了什么事，赶忙出来看，见是来了一个老叫花子，连理睬也不理睬，掉转头就回屋子去了。大狗一看这情景，就更着急地朝着主人的屋子叫了起来。这家主人以为狗是对着不肯走的老乞丐在叫，就又走出屋子赶那老乞丐赶快走。

老乞丐仍然无怨无恨地向这家主人重复着对前面的人家说过的话，告诉这家主人说他已经好几天没有吃一口东西了，饿得都快走不动路了，哀求主人发发善心发发慈悲，哪怕就给他一口冷剩饭也行，还说“饿时给一口胜似饱时给一斗啊。”

没想到，这家主人听了老乞丐的一番诉说，依然没有一丝一毫的怜悯和恻隐之心，仍是冷冰冰地强行赶走讨饭的老乞丐。这时，大狗急了，围着主人团团转、嗷嗷叫，但却丝毫不奏效。老乞丐转身离开这家院子时，只平淡地丢下一句话“人这样没一点善心，最终是后悔也来不及的了。”说完就神态坦然地向村边的麦田走去。

这家主人听这话、见这情景不一般，就非常好奇地跟在老乞丐后边看，一些村里人也都跟在后边看。只见这老乞丐走到麦田里，口中念念有词地不知在说些什么，伸手抓住一棵小麦的穗子，从根部向上捋。这一捋，但见所有麦田里的所有的小麦穗都在变短、变小，老乞丐越向上捋，麦穗就越小。人们见到这情景，几乎都被惊呆了，继而有的人开始沉思，有的人感到有点悔疚了……但是却无人实际地做点什么。而这家主人却仍不觉醒、不知悔过，或许他在想，这块麦田里的没了，还有其他麦田的。今年的没了，还有明年的。反正我家里还有存粮吃的。那条狗却知道这事儿的严重后果，着急地来回围着主人和老乞丐叫着、哀求着。狗眼见主人不醒悟，而老乞丐手中的麦穗越来越短越小，无奈中，这只狗两条前腿一蜷，就给老乞丐跪下了，头不住地朝地上点，类似人在磕头，嘴里不住地呜咽着，乞求老人给迷于世间的人留一口饭吃。老人见事已至此，看到已经有人开始惊醒，同时又被这狗的诚心和善心所感动，长叹一声，松开了捋麦子的手指，站起身就走了。

从此以后，麦穗就变成了现在的这个样子，人类也经常有饥荒的发生。人们为了记住这次教训，就流传下了这个故事。为了纪念那条忠诚善良的狗，许多地方至今仍然传承着一个习俗——每逢过年或新麦子打下来时，敬奉神的仪式完毕后，养狗的人家要先给狗吃一顿馒头、包子等麦面做的饭吃。千古以来，类似这样善恶有报的故事一直在警示着人类，教育、启迪着人们的良知善念，衷心希望有缘人深思、深思！再深思！不再一次次地给自己和后人留下难以挽回的痛悔之事。

王辉还听一位大学同学给他讲了一个《麦子的故事》。

说是很早很早以前，有个年青媳妇正在揉面做饭的时候，孩子拉了屎，她就顺便把面揪了一块给孩子擦屁股。

麦子一看人们把它这样作贱、糟蹋富贵的粮食，气坏了，它们就商量用逃跑的办法来惩罚人类。终于，小麦们在一天夜里趁人们没防备，就悄悄地逃走了。

麦子逃走的事被狗知道了，狗就拼命追赶，眼看快要赶上的时候，被地上的土坎给绊了一跤。狗爬起来又拼命追赶，结果只追回三个麦穗子。人们就用这三个麦穗作种子，经过好多年才改变了缺吃的困难状况。从此以后，人们再也不敢用面团给孩子擦屁股了。

狗从此恨死了土坎，为了报复土坎，无论哪儿见了土坎，就往上面撒泡尿，从不放过……

这些传说故事，连同严谨博大精深的现代农业、经典遗传学知识，构筑起王辉雄厚的知识基础。

在小麦育种试验田里观察和记载试验研究数据或从事选配、杂交等育种操作时的王辉，每每回想起儿时母亲亲口讲述的和赵洪璋老师以及大学同学讲的这些故事，总是会默默地笑起来。学习了现代生物科学、遗传学知识后，他知道这些神话故事，仅仅是一些带着很多美好寓意的传说，但他却也似乎于朦胧中感到小麦具有得天独厚的强大优势与潜在能力。

他朦胧中感觉到的确实不错。

以农作物为代表的植物，以它特殊的生命活动方式——光合作用，截获太阳辐射能，转化为机体组织中的潜在化学能，并以含能的食物形式，传递给一个又一个生物种群，进而维系整个地球的生命系统，促进人类社会发展。科学家研究揭示，生物种群与环境所形成的能量转化和物质循环，持续地存在于“植物—动物—微生物”间的“碳”的合成与分解之中，使太阳辐射能进入生命系统成为可能，进而成为生物种群获取生命活动能量的生存与繁衍的基础。也就是说，借助植物光合作用为人类这个日益庞大的生物种群谋取与日俱增的食物能，是农业的根本任务和实质所在。因而，农业已经、正在并必将长久地伴随着人类社会整个发展进程，更是迄今数千年乃至亿万年经久不衰的永恒性产业。农业的这个社会基础地位，是任何一个产业都难以企及和取代的。

王辉在大学时代，还聆听过李正德、高永成、翟允禔、钮溥、许萱、宋玉墀、沈煜清、苏献忠、耿志训、朱庆麟、宋哲民等老师的讲课和讲座。老师们严谨的科学精神，渊博的知识，以至讲课的诱人神采，一直在激励着他，滋养着他。

通过与小麦育种大师赵洪璋院士以及李正德、高永成、翟允禔、钮溥、许萱、宋玉墀、沈煜清、苏献忠等老师受教、讨教、交流、探讨，他朦胧地意识到，经典遗传规律对作物育种有着非常重要的意义，是实现自己“种子梦”的最有力武器。

可他不知，这个梦想的实现，付出竟是如此地巨大且远远超出想象！

1968年8月，王辉从西北农学院毕业。

毕业前的那年农历春节，已经25岁的王辉与相恋多年的小他一岁的高中同学马桂霞完婚。

其时，马桂霞已经正式参加工作，是杨陵张家岗小学的数学教师。

王辉与马桂霞结婚照

命运的纤绳似乎已稳稳地握在他的手中。

然而，时运弄人。

其时正值“文革”，王辉和他同时代的许多大学毕业生一样，如同一根根漂泊不定的“浮萍”，被时代的浪潮冲刷着、颠簸着、漂流着。人生的走向，根本由不得自己主宰。个人的志趣与梦想，被无情的现实冲击得七零八落，破碎不堪……命运的纤绳又从他手中一次次悄没声息地滑走了。

最初，他和同时代的所有大学毕业生一样，都得到工、农、牧、林、渔等第一线参加劳动锻炼。他被安排到兰州军区21军位于宁夏灵武的一个部队农场劳动锻炼。

肉体的疲劳和精神的饥渴是他和许多参加这类劳动锻炼的大学毕业生此时的最大痛苦。可他并非那种只抱怨命运、整天只一味垂头丧气的人。因为并非他一个人“命运不济”。当时整个社会、政治环境如此，谁也“在劫难逃”。相反，他把这一切都视作一种磨炼、砥砺。用他自己的话说就是“艰苦的环境对人的成长有好处，可以磨炼、砥砺人的奋斗精神。不管自身受多大委曲，受多少作难，必须有一个人的起码良心与良知，对得起人民，对得起国家，对得起生我养我的黄土地，对得起家庭和自己的亲人”。为了求得自身平衡与内心痛苦的宣泄，他一边将一切投入繁重的体力劳动之中，一边利用一切机会和空闲时间补充知识营养。晚上则在小油灯下潜心学习，用辛劳和汗水铺垫前进之路。他一个劲给自己“打气”，叮嘱自己坚持坚持再坚持。他知道，“天行健，君子以自强不息”“自古英豪多磨难，踏平坎坷路自平”。

凭着这样一种信念和人生信条，他从一点一滴严格要求自己，豁达大度地对待人生旅程中的每一个坎坷和每一个曲折，顽强拼搏，自强不息，奋斗不止。

1969年7月，兰州军区21军农场从宁夏灵武迁徙至陕西华阴，他们也随场迁徙。因他家庭成份好，是下中农，祖宗八代出身农民又自小“根正苗红”，加上表现突出，他和同在这个部队的12人被上级领导选中，决定留在部队，从事管理工作。

这一年，爱人马桂霞生了大女儿，他“升格”做了父亲。

虽然做了父亲，但由于自己“一叶扁舟”“浮萍”般的“漂泊生涯”一点也由不得自己做主，只能“随波逐流”，因而他很少照顾妻子和女儿。好长时间回家一趟，女儿每次都认生，不认他，不亲近他。这既让他难受，也更让他深深自责和愧疚。

1970年4月，他被派遣到洛阳学习从前苏联进口的康拜因联合收割机——一个机器庞大、操作程序复杂的“庞然大物”。也因了庞大、复杂，操作稍有不慎，就会“卧下”不动弹，尤其是晚上，一卧就是半晚上。因此人们给这庞然大物谐音地起了个外号叫“扛半夜”。

1970年5月“二次分配”时，他被分配到了陕西眉县。

后来他才得知，兰州军区21军原来决定留在部队从事管理的他们12个人，“二次分配”时决定先派他们到地方锻炼一段时间，然后再从地方抽调进入部队。

他实现梦想的愿望，越来越遥遥无期。

到眉县报到时，他被告知不能从事农业管理，竟被派往县机械厂。

康拜因联合收割机前小憩

对此，他百思不得其解。自己的档案里应该记录得明明白白，没一点含糊——自己大学学的是农学专业，自己的志趣和梦想是小麦育种，虽然学了一段时间的康拜因联合收割机操作、修理等，但那是临时工作需要，并非自己的志趣所在，更非自己所长。可给他办手续的工作人员不听他的解释，也不想给他多解释。原因很简单，工作需要！再说，县办工业更缺人！搞工业比搞农业轻松。别人削尖脑袋都想往工业这行钻呢，这是县上重视你这个人才，重视工业，明白了吧？别不知好歹！

有着陕西“一根筋”遗传基因和“犟脾气”的血性汉子王辉想了好几天还是想不通，便直接去找县革委会主任，希望搞自己所学的专业。

没想到，口拙少言的他，一番“有理有据”“实打实”的说辞，竟然“说服”了这位革委会主任，他被“改派”到县农业局。

到县农业局，正有点“窃喜”的他接到一纸通知，让他去距离县城约五六里地的县良种场报到。

周末回到杨陵，他把这一“好消息”告知爱人马桂霞，爱人埋怨他“脾气太倔”“脑子不会转弯”“一根筋”，放的县城不呆，非要钻农村，钻农田，钻麦地。放的轻省活不干，非再去当那“不是农民的农民”。

可他却不以为然，他认为，这一下“真正合了自己的心愿”。

爱人见说不动他，加上“生米已经做成了熟饭”，也只能由他了。

这个良种场有300多亩地，麦田占到200多亩。王辉是这个农场建场后唯一“派”来的大学生，也是唯一的技术人员。在他之前，有个被打成“右派”的人，虽然是中专毕业，却不允许搞业务——防止“右派”“搞破坏”，只是到这个农场接受“监督改造”。而且年龄也大了。

眉县良种场当时的主要任务是为整个眉县的农业生产繁殖和供应良种。

关中小麦开镰收割

如果良种繁育不好，就会影响全县农民的一料料庄稼。在这里，王辉读懂了赵洪璋老师严谨育种的良苦用心，也深深感受到了肩头责任的重大。

然而，他却把家抛得更远了。

眉县和杨陵，虽然说起来距离也就百十多里路，不算很远，但那时交通不便，这百十多里路，往返既要步行、坐段汽车，还得再去赶火车，尤其中间隔着一条渭河。常言说“隔山不算远，隔水不算近”。那时渭河水量很大，河上没桥，只有冬天的枯水期才会有当地村民在渡口附近用木头、高粱秆、玉米秆加上稻草、麦草等搭建的临时性便桥或浮桥。其他季节便只有坐人力渡船过河。

早年渭河季节性便桥

对他来说，每次回家，既特别期待和高兴，又特别揪心和熬煎。就这样，期待、高兴、揪心、熬煎，周而复始、年复一年地考验着他、折磨着他。

后来，他有了一辆自行车，但那时的路特别差，从眉县良种场到杨陵，一路几乎全是土路。天晴时还好说，若碰上雨、雪、刮风的时节，不是“晴天一身土”，就是“雨天一身泥”，下雪的时候则总是“风雪夜归人”，即使有自行车也骑不回家。尤其是每次在渭河渡口等待人力渡船，是最焦急、最无奈、最难挨的一次次煎熬。特别是盛夏酷暑时节，炎热、蚊虫叮咬、焦急、无奈……可又有什么办法呢？只能一次次地忍耐、忍耐、再忍耐……

三十而立。此时已接近而立之年的王辉更加成熟了。他深切地意识到，既然是岁月，就免不了炎凉荣枯。既然是人生，就免不了爱恨情仇。既然是生活，就免不了酸甜苦辣。人生的长度，长不过春夏秋冬。人生的广度，越不过南北西东。人生的无常，无非就是悲欢离合。人生苦短，不能负载太多的痛苦不堪。生活不简单，尽量简单过。人生不完美，尽量快乐活。走自己的路，让别人去说吧，不是所有的人生都是一条直线，经历了酸甜苦辣，才会懂得，真正的人生，就是精彩地过好自己的每一天。

1972年，二女儿王宇文出生。妻子既要教书，又得带两个孩子，拖累更大了。

可他，却“有心无力”，无法照顾，只能继续在听任“命运的摆布”的同时，坚持自己的“种子梦想”，走自己的“种子长征”路。

在眉县良种场整整从事了三年良种繁育之余，他也开展了小麦育种试验研究。到1973年，他的小麦育种已经到了第三代。

他原本以为自个的小麦育种研究应该见点苗头了，但他多次利用回老家杨陵与妻子团聚的机会，到母校西北农学院的小麦试验田里察看、琢磨，才觉得自个的育种试验并未见到多大希望和效果。

这不仅没有使他灰心，反倒更增强了他进取的那股倔强劲头，他也不禁隐隐约约感到也许自个选择的这项研究将是“一场旷日持久的战争”，不使出浑身解数，不耗尽毕生精力，也许见不到什么希望和效果。

生活的艰难与命运的坎坷，没有磨灭王辉的理想和对小麦育种事业的执着追求，超负荷的体力劳作与生活的难场不曾让他向命运屈服，生计的困顿也不曾压垮他进取的意志，重重曲折颠簸成了他欣逢盛世后探索科学与真理的强大动力。

渭北悠然眺南山

一种应对挑战的亢奋，充满了他全身的每一个细胞。

周末回到爱人和女儿身边，爱人和女儿正在家里包饺子。吃着爱人和女儿包的香喷喷的大肉饺子，王辉感慨万千。他觉得，人生就像饺子，无论是被拖下水，扔下水，还是自己跳汆下水，一生中不跳汆一次水似乎就难以成熟。岁月是皮，经历是馅，酸甜苦辣咸麻爨皆为滋味，毅力和信心则是饺子皮上的褶皱。漫漫人生征途中，难免被狠狠地捏一下，又捏一下，被开水烫一下，煮一下，被人咬一下……倘若没有这些苦难的经历，硬装成熟，总会有露馅的时候，所有的经历也都是一笔笔财富……

天助自助者，运降不降人。命运多舛，是说它无常，同时也说明它机遇丛生。面对万变的世界，只有保持自己的一些“不变”，追寻到真实、正直、善良、热情和有价值的人生。这确是对人生的大彻大悟。渴求在跋涉中感知生命，在追求与奉献中享受过程。每一刻都怀着一种自信，当然也融合着细微与博大、平实与空灵、短暂与永恒。这也许正是王辉逐渐在平静而又不平淡、平常而又不平庸、平实而又不凡的工作岗位上走向成功的“秘诀”吧。

王辉（左二）与赵洪璋院士（中）、宋哲民教授（右二）、王新中研究员（左一）、何金江高级技师在小麦试验田中现场观察记录讨论小麦品种选育

1972年，已经担任杨陵张家岗小学新办初中班数学教师的王辉的爱人马桂霞，既要带两个孩子，又有繁重的教学任务，压力更多更大了，也更累更忙了，对王辉的怨气也不由得越来越大越来越多了。两口子好不容易见一次面，妻子总是倒不完的苦水，诉不完的委屈。

是啊，作为一个妻子、一个母亲，妻子的确是无可挑剔的了。他怨只怨自己。多少次，他恨自己恨得直咬牙，有时甚至恨不得自己狠狠地捶打自己一顿。

作为丈夫和父亲，他对妻子、对女儿实在是亏欠得太多了。

他和妻子结婚五年了，总是“牛郎织女”般天各一方、聚少离多。掐指头算算，两人呆在一起的日子总共加到一起都超不过半年。对女儿的管教养育，自己也尽力十分有限，更不要说什么花前月下、卿卿我我了。

这时，他才从战友口中得知，21军部队原来打算让被挑选出的他们12个人，先到地方锻炼，然后再从地方选拔抽调其中优秀者重回部队从事农业管理的决定，已经被新任21军军长皮定军否决了。原因是皮军长担心会因此影响部队与地方的“军民关系”。

此时，爷爷奶奶年纪更大了，父亲的身体也越来越差。思来想去，他感到作为孙子和儿子，自己给老辈人又给予了什么呢？这孙子、儿子的称呼，自己够不够资格？实在是问心有愧啊。

值此情境，他怀着十分忐忑又十分期待的复杂心情，向自己的母校和自己崇敬的老师赵洪璋教授提出了想调回学校工作的请求。

没想到，还真有天遂人愿的时候。正好，母校为了适应当时国家“抓革命，促生产”“实现四化”的新形势新任务新要求，前不久刚刚研究决定，要给一些“大腕”“大牌”教授配备科研助手，人事部门正在积极物色人选。他的请求，正与母校的需求不谋而合。于是，天遂人愿，没费多少周折，他就顺利地调回母校西北农学院。

回到母校西北农学院，他被分到农学系育种教研室——和他崇敬的小麦育种大师赵洪璋院士在同一个教研室。由此，他成了自己崇敬的小麦育种大师赵洪璋院士的同事和得力助手。

此时，是1973年9月。

从此，他在与自己崇敬的小麦育种大师赵洪璋院士的密切接触中，了解、观察、学习、效仿着这位大师的一言一行、一点一滴。尤其是老师的情怀、思想、操守、作风、观点、方法。

赵洪璋教授（前排左二）1940年从国立西北农学院毕业时的师生合影

谁也未曾料到，就是从这时起，命运已经悄悄安排奇迹在王辉身上发生。

中国古人有训“近朱者赤，近墨者黑”。有哲人说，一个人要想进步，最好的办法，就是设法接近那些充满正能量的人，而远离那些有负能量的人。而更好的事情，就是也能成为一个充满正能量的人，去改变和吸引更多需要这种力量的人。

就此而言，王辉真是一个非常幸运的人。因为他有幸成为接近和追随一代小麦育种大师赵洪璋院士这位充满正能量的幸运儿。

此时，王辉得知杂交油菜、杂交白菜新技术问世，在生产中发挥了重要作用。而就在杨凌，有许多从事小麦品种选育的团队和有名的专家。如从事小麦远缘杂交的李振声、陈漱阳，从事小麦育种研究的，还有宁锟、王玉成、许志鲁、路端宜、龚德仁、王德轩、赵瑜、蒋代章、蒋纪云、李璋、薛秀庄、杨天章等等。小小的杨凌，已经成为名播全国的农科城和小麦育种界不可小觑的重镇，与全国乃至全世界的小麦育种界有着千丝万缕的联系。这里的一举一动、一言一行，都牵动着小麦育种理论与实践创新的神经末梢。

1973年，小麦育种大师赵洪璋院士再次作为中国农业考察团成员，赴加拿大考察访问。之前，赵洪璋院士曾作为中国农业科学考察团成员，赴丹麦、印度等国考察访问。

通过近距离接触，王辉对赵洪璋老师这位小麦育种大师有了更多、更深入、更细致的了解。

赵洪璋1918年6月出生在河南省淇县吴家寨。1936年高中毕业就报考了包括当时的国立西北农林专科学校（1938年易名国立西北农学院、今西北农林科技大学前身）和一所军事院校、一所戏剧院校，均被录取。面对三份入学录取通知书，赵洪璋最终抱着“但得苍生俱饱暖”的愿望， 选择了国立西北农林专科学校农艺系。1940年，赵洪璋带着4年大学学习的丰厚收获，跨出西北农学院的大门，来到位于陕西省大荔县的陕西省农业改进所大荔农事试验场担任技佐。

赵洪璋老师不擅长琴棋书画，出于对田园风光的酷爱而喜欢留连村野，出于对穷苦农民的同情而常常走村串户，耳闻目睹农村和农民的生存状态，赵洪璋时时感到热血激荡，发誓要选育出一个又一个好品种，“救万民于水火”“解万民于倒悬”。当赵洪璋正式起步向农业科学圣殿迈进的时候，他才下意识地感到了自己的可悲和可笑：一个农村长大、学农出身的大学生，还不会种地。不得已，赵洪璋只好从头学起，向农民请教，请农民帮忙。在与农民、农村、农活的频繁接触中，他开始了走向成功之路的前奏曲。

在陕西省农业改进所大荔农事试验场的两年多日子里，赵洪璋老师看到了北方农民赖以生存的主要粮食作物是小麦。可农家种植的多是低产的农家种小麦和少得可怜的“洋种”，常年以每亩50公斤的产量在广袤而贫瘠的黄土地上痛苦地呻吟，穷苦的农民终年辛勤地劳作却难以饱腹，衣不遮体，哀鸿遍野，饿殍载道。若逢灾荒之年则只有背井离乡，遭受家破人亡之苦。这“第一印象”对赵洪璋老师的“刺激”太深太重了。对于赵洪璋这样一个出身农家、遵父志“以农兴家”并就读于高等农业学府的青年来说，这无疑使他从精神上感到困惑和压抑，也促使他跳出“家”的小圈子，朦胧中产生出一种“以农兴国”的抱负。因此，赵洪璋老师夜以继日地东奔西跑，认真总结试验农场多年种植作物的试验资料并逐一写出报告，调查当地农作物品种及其轮作栽培情况，走访农户。短短两年时间，他那求实、钻研、勤奋、朴实的工作作风和精神，博得了他的老师和同事们的青睐与赏识。1942年，赵洪璋老师被母校国立西北农学院调回学校担任助教。此举无疑给了赵洪璋老师大展鸿图的机会，他瞅准了小麦品种选育和改良这条路子，认为只有由此走下去，才能“救万民于水火”“解万民于倒悬”。

从1942年起，赵洪璋老师就埋头于小麦良种选育。

1945年，“碧蚂1号”小麦品种的第三代已崭露头角。赵洪璋老师仍埋头在渭河边离学校10多里外的农场里搞小麦育种试验研究。

为了补养赵洪璋老师虚弱而单薄的身体，赵洪璋老师的妻子从邻居家换来几只小鸡饲养。

那年五月底六月初的一天，赵洪璋老师把盆栽小麦搬到院子里，千叮咛万嘱咐，让家人好生看管，他就匆匆到课堂上教书去了。之后，又带着学生到周围的农田里察看小麦生长情况，并结合自己多年的育种研究实践，悉心指导学生学习孟德尔遗传学理论。

不料，赵洪璋老师回到家里，天已黑了。到了院子一看，盆栽的小麦——已快成熟的麦穗一个也没有了。

赵洪璋老师这下子急得真要发疯。

20世纪50年代，农民在欣喜地察看赵洪璋教授培育的“碧蚂1号”小麦

赵洪璋老师冲进屋里厉声质问妻子、儿女。大儿子被他这凶神恶煞般的神情吓得直哭。

赵洪璋老师的妻子坐在灶台边饮泣。

刚强的赵洪璋老师的心一下子软了。

在赵洪璋老师的一再追问下，大儿子才怯生生地告诉他，麦穗让鸡啄吃了。

赵洪璋老师一听，二话没说，提起一把菜刀冲出门去。

赵洪璋老师的妻子不知赵洪璋老师要干什么，也跟着冲出屋门。

儿女们被父亲提刀的举动吓傻了，挤在屋角，大气也不敢出。

赵洪璋老师来到鸡窝前，抓出一只鸡，杀了，打开鸡嗉子，没有麦粒；接着又杀了第二只鸡，仍没有麦粒；直到杀了第三只鸡，才从鸡嗉子里掏出了尚未消化的麦粒。

赵洪璋老师咧开厚厚的嘴唇，笑了。

一家人全松了一口气。

大儿子和女儿哭成了泪人。他们不懂事，只痛惜那些无辜的半大鸡。

1948年，赵洪璋老师培育的“碧蚂1号”小麦以崭新的姿态出现在西北农学院及附近农民的麦田之中，方园几十里的农民闻风蜂拥而至，争相观摩。

1949年，赵洪璋老师和同事们从1942年至1947年苦斗6年辛勤培育的“碧蚂1号”“碧蚂4号”等小麦良种幸逢盛世，相继脱颖而出。这批品种，茎秆粗壮、耐肥抗倒、穗长粒大、皮白质佳、高抗条锈病和黑穗病等病害，比当时农家种植的小麦抗倒伏、抗病，比国外引进的品种耐寒耐旱。从1949年到1960年短短10余年时间，这批品种推广面积达1.1亿余亩，仅“碧蚂1号”年最高推广种植面积就达到9 000多万亩。其推广速度之快、年种植面积之大，不仅在共和国的育种史上是空前的，而且在世界小麦品种史上也是无与伦比的最高纪录。尤其是这一重大成果出自一位年仅30岁的青年科学家之手，不能不使很多人感到兴奋和震惊。

赵洪璋（前中）教授在麦田间与老农亲切交谈

赵洪璋（右）教授在麦田间与老农亲切交流

赵洪璋老师和同事们辛勤培育的以“碧蚂1号”为代表的3个小麦优良品种，迅速在黄淮两岸、中原腹地熠熠闪光，迎来了新中国黄淮麦区小麦生产的第一次飞跃，试验增产幅度达10%～30%，累计增产效益逾数百亿元。加之这批品种对提高地力和改善耕作栽培制度等一系列发展生产措施的高度适应性，大多数地区亩产比解放前翻了一番以上，有的甚至翻了两番、三番。西北农学院附近的陕西省武功县，平均亩产由解放前的50余公斤猛增到150公斤，成为当时全国粮食生产红旗县。

20世纪50年代中期，小麦吸浆虫威胁着新中国的小麦生产，这是对赵洪璋老师等一大批中国农业科学家的新考验。当时的陕西关中地区，小麦吸浆虫为害十分严重，成片成片的麦田没有收成，农民兄弟在地里抱着被吸浆虫袭掠一空的麦杆放声痛哭，有的地方甚至发生了农民自杀的情况。面对此情此景，赵洪璋培育的“西农6028”小麦品种，由于抽穗后内外颖扣合得紧密，吸浆虫不易从缝隙间伸入产卵为害小麦而具有抗吸浆虫的特殊性能，且不怕冷冻，不易脱粒，不易倒伏，因而在陕、甘、晋、豫、皖、苏等黄淮及江淮流域小麦吸浆虫危害区，为配合全国性“防治吸浆虫大会战”立下了汗马功劳，以至使一些多年绝种的小麦产区很快又恢复了生产，把农民的哭声变成了欢声笑语。

赵洪璋老师常说，要使科学研究快出成果并使之尽快转变为现实生产力，其要素之一便是与生产和生产者的密切合作。

赵洪璋老师正是这样一位与农业生产共命运、与农民群众同呼吸的科学家，因而被农民群众亲切地称呼为“庄稼汉教授”。

有一则被赵洪璋老师的同事们口口相传的佳话，说是有一天赵洪璋老师和小麦育种同行们路过某县的一个农村集镇的家畜市场，远远地就听见有人高声叫卖“快来看，快来买！赵洪璋教授培育的良种猪！”普通老百姓以为，农业大学的教授肯定是万能的。既然赵洪璋能培育出那么好的小麦良种，那培育出良种猪还不是手到擒来的事？

通过较长时间的深入接触，王辉觉得赵洪璋老师是一个独特的、独具慧眼的科学家，他的思路常常带有很大的跳跃性，一般人很难跟得上。早在人们为赵洪璋老师“锻铸”的3柄小麦新品种之“剑”大唱赞歌、广大农民对他感恩戴德不已的20世纪50年代中期，赵洪璋老师却预见到了农业生产的发展势头，深深为“碧蚂1号”等品种抗条锈病性能的降低而心焦。因此，赵洪璋老师独具慧眼地规划了再上一个新台阶的育种计划及模式，并从多方面搜集育种材料，自1957年起即着手实施。

20世纪60年代赵洪璋教授在麦田中从事品种选育

1964年，赵洪璋老师主持培育的丰产1、2、3号小麦良种如同又一批璀璨的明珠，相继问世并以其适应二三百公斤地力和栽培水平的抗倒伏、大穗大粒、优质等优良特性，很快在黄淮麦区再次迅速推广，带来了中国黄淮麦区小麦生产的第二次飞跃。其中“丰产3号”功绩尤为卓著，最大年推广种植面积达3 000余万亩，推广时间延续了20余年，增产幅度达10%～30%，累计增产效益逾50亿元。这在中国乃至世界育种史上也是罕见的。

到了20世纪60年代中期，可达到350公斤以上的高产田块在中国出现了。高产田块的大批出现，使得优良品种“丰产3号”等一批抗倒伏性能强的品种也难以适应了。鉴于此，赵洪璋老师瞄准了矮化育种的路子。

从1965年起，赵洪璋老师选用矮秆材料“咸农39”改造“丰产3号”，到1970年终于选育出中国第一批矮秆品种“矮丰2号、矮丰3号、矮丰4号”，使当时普遍种植的小麦品种从株高110厘米以上，一下子下降到80厘米以下。

这一高度的降低非同小可，它预示着中国小麦产量的又一次飞跃。这批新品种，以高抗倒伏、亩成穗多、籽秆比高等优势，使小麦高产田块亩产量一下子提高到四五百公斤，增产幅度又一次达到10%～30%。其中主将“矮丰3号”年推广面积达500余万亩，累计增加效益达数10亿元。

这是赵洪璋老师为黄土地奉献的又一批独具色彩的“明珠”。虽然它们还存在着一些不足，推广面积也不如前两批品种大，但它们代表和引领了当时中国小麦育种的新潮流，开创了中国小麦矮化育种的新时代，为黄淮麦区小麦生产的第三次飞跃打响了第一炮。陕、豫、冀等省一些地方和单位就先后从这几个品系及其姊妹系中，选育出“安选5号”“淇选2号”“品39”“百泉40”“百泉41”“秦川矮”等一大批新品种，总计推广面积达数百万亩。在20世纪70年代陕、豫、冀、鲁、皖等省迅速发展的农业高产地区，发挥了承前启后的特殊作用。

王辉从对赵洪璋老师的育种历程的细致考察中，感知到赵洪璋老师的小麦育种实践传递出的一个重要信号就是，好的品种自己会说话，好的品种自己会走路，自然是“不推自广”。

那时，我国还没有后来才有的分省和全国两级品种审定制度。加上那时搞育种的人不多，品种很少、很稀罕。只要有个新品种，从各级政府到普通老百姓无不趋之若鹜、欣喜若狂。赵洪璋老师培育的这三批小麦优良品种，除了他和助手们到各地去宣讲甚至是骑上自行车去推广外，多数是装在信封中，每个县一百粒，交由县区政府安排布置繁育推广而取得巨大成功的。

为了研究品种的植株结构和群体结构问题，赵洪璋老师和助手们不知多少次在风雨交加之时，到试验地观察、研究不同品种的群体特点和倒伏情况。他们看到，在风雨的袭击下，有的品种茎秆在频繁地颤抖着，有的品种茎秆随着风雨大幅度地摇动着，有的则整个茎秆摇摇晃晃，有的品种下部似乎不动，只是上部随同风雨飘拂。赵洪璋老师及其助手们曾一起无数次地站在风雨中、寒风中、冰雪中细心地观察、思考、交流、探讨……付出的汗水没有白费，通过现场观察和分析研究，他们概括出了抗倒伏品种植株结构的理想型模式应该是分蘖少而整齐，茎秆粗短坚韧，叶片松散而倾斜。丰产3号的株型结构基本上代表了这种模式。

那时，国家没有专门的小麦科研经费，科研条件和后来以至现在比真有天壤之别。赵洪璋老师和助手们都是在学校的试验里搞科研。在“丰产3号”选育过程中，赵老师带着助手们骑着自行车，曾经从杨陵途经武功、兴平、咸阳、礼泉和乾县，考察多点试验的情况，每到一个地方，他就和当地农民交朋友，一起在田埂上席地而坐、促膝长谈。在“碧蚂1号”试种过程中，赵洪璋老师经常向农民兄弟请教种植技术，一起种试验田。赵洪璋老师常说，农民朋友就是我的老师，有了他们的肯定和支持，我就会一直坚持下去。

为了验证品种的适应性和在各地的表现，赵洪璋老师不知在黄土地上走了多少遍，留下了多少坚实的脚印。以前，赵洪璋老师的工作条件极差，试验地不过5亩，试验设备极其简陋，助手长时间只有一名教师和一名技工，且几经变更，直到1959年才趋于稳定。就是这样的工作条件，赵洪璋老师和同事们硬是咬着牙关拼搏，奉献给人民一批又一批良种，并手把手地把栽种方法传授给学生和广大农民群众。

关于“碧蚂1号”，有个非常有意思的故事。王辉听宋哲民老师说，“当年赵老师和宋哲民老师同《光明日报》一位记者三个人，有一次去延安参加小麦育种学术研讨会，中午到了洛川，很多人挤在一个小餐馆手拿介绍信排队吃饭。光明日报这位记者就去餐馆的厨房找到厨师，问他，

《人民画报》1973 年2月刊登的《农业科学家和劳动模范》，报道赵洪璋教授在陕西省礼泉县烽火大队田间地头给社员上农业技术课

20世纪五六十年代，科教人员下乡蹲点是常态。图为赵洪璋教授（左二）等科教人员下乡蹲点时与公社社员等交谈

你知道“碧蚂1号”吗？厨师说知道啊！我们吃的粮食就是“碧蚂1号”磨出来的，这给我们农民带来了好的收成。光明日报记者接着道，现在培育“碧蚂1号”的老师就在外面，你说我们能不能吃上这顿饭？厨师一听，立刻放下手中的勺子，出来把他们一行人请到厨房，拉着赵老师的手久久不放……”

如果说“碧蚂1号”“西农6028”等首批推出的良种，是赵洪璋老师在忧国忧民自发感情和自然压力下产生的偶然成果的话，那么，“丰产3号”“矮丰3号”等第2、第3批小麦品种，则是赵洪璋老师自觉寓科学研究于生产实践之中，置身于农村、农业、农民之中的必然成果。

中华人民共和国成立后，在“知识分子与工农群众相结合”的浪潮中，赵洪璋老师已有了朦胧的自觉意识，同时在感激共产党、感激社会主义新中国的“感恩思想”支配下积极响应。工作紧张繁忙时，每天数10封书信就是赵洪璋老师了解社会需求的“窗口”；挤时间参加省、地、县有关生产会议，是赵洪璋老师广泛收集信息，开阔视野的机会；广布多点试验，随时现场观察、讨论，是赵洪璋老师沟通科研与生产的途径；带领助手，脚踏自行车或步行，往来于学校附近农村甚至兴平、乾县、礼泉等学校周边县区实地调查，更是赵洪璋老师的家常便饭；访问农民和农户，上门求教，则是赵洪璋老师置身于民众与生产之中的精诚之举。赵洪璋老师是个从不摆架子，从不讲究衣、食、住、行的教授，因而深受农民的爱戴，农民们都喜欢接近他，讲心里话，谈实在事。众多的农民、农村基层干部、农业技术人员、劳动模范、种田能手同他交上了朋友。有人是“座上有鸿儒，往来无白丁”。赵洪璋老师正相反，正可谓“座上皆农夫，往来多布衣”。

在与生产实践、农民群众长期、广泛、深入的接触中，赵洪璋老师已不仅仅是一位小麦育种学家，而且成为稼穑里手。在始用化肥、深翻改土、合理密植、间作套种等农业改进措施推行过程中，赵洪璋老师都在亲手调查、试验之后提出自己独到的并被实践一再证明是行之有效的见解。

20世纪50年代，赵洪璋老师受到毛泽东、周恩来等党和国家领导人多次接见，几次亲耳聆听毛泽东主席的讲话，被授予“全国劳动模范”光荣称号，又被选为全国人大代表。经历与觉悟，对国家大事、小麦品种与农业生产的关心及体察民情等，已赋予赵洪璋老师一种强烈的历史使命感和高度的主动性和积极性。在会议增多、试验紧张、杂务缠身甚至难免使自身和科研工作受到一些影响的情况下，赵洪璋老师也决不轻易放弃深入农业生产第一线与农民群众交流的机会。赵洪璋老师从不“走马观花”，而是坚持“下马观花”，有时则集中利用试验研究时间，打起铺盖住在农村或农户家，住在试验田里。

凡接触过赵洪璋老师的人，大概都“领教”过他那直爽、实在的性格和脾气。见面首先要谈生产、提问题、找答案。谁要是对所在地的自然条件、生产发展、品种布局等一无所知或一知半解、吱唔其词，就可能受到赵洪璋老师直言不讳的质问，甚至委婉的批评。对那些来自农业生产第一线，对品种、农业生产、农民生活关心、熟悉或有独立见解、敢提不同意见、敢当面与他争论的人，是赵洪璋老师特别欢迎和喜爱的。每每遇到这样的人，赵洪璋老师总是热情、耐心地听取意见或参与辩论。每到一个地方，赵洪璋老师首先要看的是试验或实地种植的品种，首先要见的是试验管理人员、老农或农技干部。谁要是着意安排吃、喝、游、玩，必定会遭到赵洪璋老师的断然拒绝或毫不客气的批评。这一点，成了王辉育种人生的榜样和标杆。

20世纪50年代中期，赵洪璋老师的主要精力和思维活动几乎全都集中在教学、科研、品种、生产领域内，赵洪璋老师的活动轨迹则主要集中在育种地、试验点、生产田、课堂、农户等地方。节假日、星期天以及影、剧等娱乐活动，似乎与赵洪璋老师生来无缘，就连占据人生三分之二以上光阴的家庭生活，也因有赵洪璋老师的老伴一人在家“承包”，他也很少过问。赵洪璋老师几乎是全身心地投入到科学研究与教学、思考和分析问题之中，拆阅和回复繁多的书信、接待众多的来访者则成了点缀他生活的一个个“小插曲”。赵洪璋老师所从事的工作，明明是和黄土地打交道，可赵洪璋老师却像老练的钢琴家娴熟地在键盘上移动着手指。赵洪璋老师弹奏的是农业科学工作者的慧心和农业科学技术之歌。赵洪璋老师无法摆脱这种美的诱惑。赵洪璋老师之所以吃饭、睡觉，只是为了不让饥饿和困倦影响他的弹奏。没有那么大的量杯，能容纳下他的汗水。那亮晶晶的液体的价值，谁能计算得出来。这，成了王辉亦步亦趋的模板。

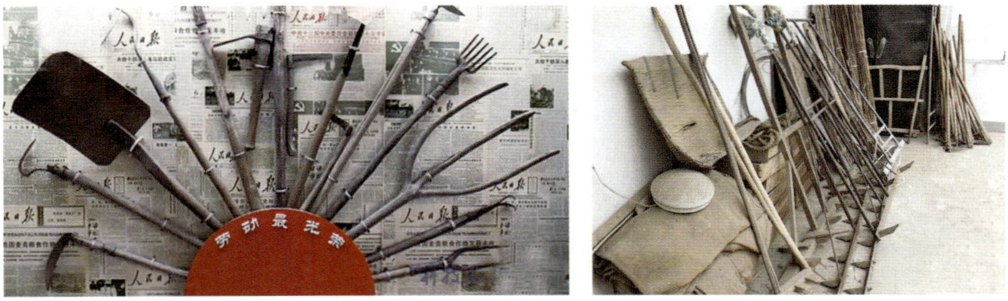

由赵洪璋院士遗留下来直至王辉教授等一直在使用的部分农具

赵洪璋老师不仅以其选育的众多小麦品种为中国农业生产立下了赫赫战功，而且在学术领域，为祖国育种科学的发展谱写了新的乐章。半个世纪中，赵洪璋老师发表和出版论著虽然不是很多，但却以其求实、精湛的方法论，为中国的作物育种科学点燃了一炬炬熊熊的科学圣火。

20世纪30年代，农学院对学生的育种知识传授是简单而教条的，仅仅涉及达尔文的进化论和摩尔根遗传学三大定律及系谱法、混合法这“育种二法”。尽管这些理论对赵洪璋老师初入育种科学大门起过先导作用，但对书本上那些既不系统又很教条的淡淡之谈，确使他陷入迷惘和如入五里云烟之中。但赵洪璋老师勇于实践、勤于实践、勤于思考、善于总结的个性和风格，使他在独辟蹊径的探索中打响了第一炮。虽然当时他未奢望“誉满黄淮”，也未估计到自己培育的小麦品种问世后会有如此广泛的适应性和如此巨大的生命力。但首战告捷的鼓舞和不推自广的震撼，促使赵洪璋老师追根溯源。伴随着后来他接踵问世的多批小麦新品种的选育和推广，赵洪璋老师在自己负荷过重的肩上又加了许多砝码，潜心致力于小麦杂交育种基本理论和基本方法的苦苦探索和深入研究之中。一点一滴地总结归纳，一字一句地琢磨推敲，逐步形成了一套具有独立见解和普遍指导意义的理论、观点、方法。这就是“赵洪璋育种理论体系”。

秦川暖春

“作物品种是农业的重要生产资料，更是农田生态系统中的重要生物因素”“品种是一定生态条件下的优良群体生态类型”。这是赵洪璋老师用生物学与经济学相结合的基本理论和方法总结出的重要观点之一。这一观点不仅阐明了育种同生产密不可分的必然联系，而且揭示了品种适应性、地区性和时间性的实质。赵洪璋老师认为，品种的生物学适应性是生产（经济学）适应性的基础，生态类型和品种演变是生物学适应性和经济学适应性的综合体现。“既没有盖世品种，也无万古长青的品种”。这一重要观点，对王辉的小麦育种实践，影响深远。

“品种适应性即其特征性与生态条件的协调性，亦即品种遗传性对于环境的反应规范和自我调节能力”。这是赵洪璋老师在育种实践中重视和强调的“性状与性状、性状与个体、个体与群体、早代与晚代、选育试验与生产利用”等协调关系的高度概括。很显然抓住适应性，也就是抓住了品种保持性与生态条件多样性、多变性之间的矛盾。而这种矛盾性，正是品种演变亦即人工进化的真正动力。

“制定正确而具体的育种目标，是育种工作成功的关键”。这是赵洪璋老师的又一经验之谈。育种目标必须反映和解决当时当地农业生产的主要问题和发展前途，必须反映当地品种生态类型的基本特征特性，必须反映品种组合即类型搭配观念，指标要求落实到目标性状、亚性状及亲本材料上，性状要求全面而有主次，标准要求具体而有幅度。没有规矩不成方圆。育种目标就是将来品种的蓝图、模板和方向。没有育种目标则无所遵循，有育种目标但不明确亦会谬误丛生。他总结归纳的这个“三必须三要求”看来虽然不深奥，不玄秘，但要真正做到也并非易事。经常地深入实际搞生产调查、细致入微地观察比较、全面地分析判断、准确地预测展望等工作作风，以及明辩真伪、善于抓本质的性格和本领，都是赵洪璋老师的过人之处，也是他制定正确的育种目标的前提和保证。这一点，是王辉感触最深也学得最到位、做得最像的方面。

“坚持精细而得当的亲本选配，是提高育种成效的必要保证”。这是赵洪璋老师育种理论的又一重要论点。亲本选配是关系到能否创造所需优良变异的关键。赵洪璋老师不仅深刻认识到其重要性，而且有独特的方略和创见，核心是“选”“配”二字。一是广集“材”源，慧眼识“材”，紧扣目标，结合遗传研究，选择优良性状多而突出并能相互弥补的配套类型亲本；二是精心搭配组合，即根据育种目标要求和亲本表现落实相对性状，确定杂交方式，使亲本间优缺点互补，在可共优而无同劣的条件下，满足全面育种目标。这样既可避免“拉郎配”，也可避免“瞎猫碰死老鼠”。实践证明，赵洪璋老师这些创见和实践是用最小的代价、最快的速度创造尽可能多的品种的“秘密武器”之一。这也是王辉在小麦育种实践中学得最深入、做得最好的方面。

“把握综合而灵活的后代选择策略，是育种者出奇制胜的必要素质”。这是赵洪璋老师的又一创见。小麦品种后代选择是一项复杂工程，素有“大海捞针”之喻。赵洪璋老师在把握育种原则的前提下，更多地注重灵活性，在综合运用多学科理论的基础上，发挥他的经验特长。遗憾的是赵洪璋老师的“灵活性”和“经验特长”大多是只可意会而难以言传的。但与赵洪璋老师相处已久的同事们却也耳濡目染，或多或少领略、掌握了他的“妙诀”：其一，培养、控制和稳定育种地及栽培管理水平，给变异提供充分而真实的表现机会，其标准是高于生产、切近目标并均匀一致。其二，早代（F1，F2）及亲本同时种植，观察研究各性状遗传特点及配合力，同时确定选择世代及程度。材料不同，组合有异，处理有别，切忌一刀切。其三，尽可能发挥“系谱法”的优越性，依目标性状逐代系统观察记载，多代类比，前后参照。其四，逐年掌握易变环境因子（主要是温、光、水）的变化，分析相对于生育期的目标性状表现真实度，由表及里，去伪存真。其五，综合选择原则纵贯全生育期和全部世代，要求从严，处理从宽，晚代从严，早代从宽，主要性状从严，次要性状从宽，独立性状从严，互作性状从宽，重要目标性状必须“过五关，斩六将”，一关未过，即“甩包袱”。其六，遵循育种目标，但谨防模式僵化，多留类型，早代测产，先看（性状），后测（产量），看、称结合，不追求纯而又纯，大同小异即可混种参试，以群体考验个体和性状选择效果，在“边选择、边试验、边繁殖、边推广”中求提高。有人称赞说“赵洪璋的眼睛厉害”，殊不知用脑远比他用眼多。上述六大“妙诀”即可略见其精明之一斑。

由此，王辉从一代小麦育种大师赵洪璋老师的育种实践中真切地体会到，科学的天，要靠灵魂运转。

“精密设计，精密施工”是赵洪璋老师的重要工作原则。别看这八个字并无多少学术内涵，实质上却是他育种方法论中不可缺少的重要内容，包含有深刻的实践意义和辩证思想。制订育种目标，重视亲本选配和活化后代选育这三大关键环节，无不渗透着他的这一要则，由此产生的“少而精”效应，使他在有限的时间、人力和物力条件下，获得了令人难以置信的育种效率和效益，他的“多产”和“高产”，不能不使人惊叹之余而深思他这一要则的巨大功效。

独特的育种观点和方法，并非赵洪璋老师凭空想象或杜撰，而是他半个多世纪理论与实践相结合艰辛探索的产物。它不仅来自实践因而具有广泛的实用价值，而且是精粹的理论且具有普遍的指导意义。赵洪璋老师概括总结出了指导作物育种的分层次的呈金字塔结构的理论体系，赵洪璋老师认为生物进化论是育种学一大基本理论，遗传学和生态学是育种学的两大基础学科，植物生理学、作物栽培学、农业气象学和农业病虫害学等，则是育种学不可或缺的边缘支撑科学。这一理论体系的核心是“适者生存”的原

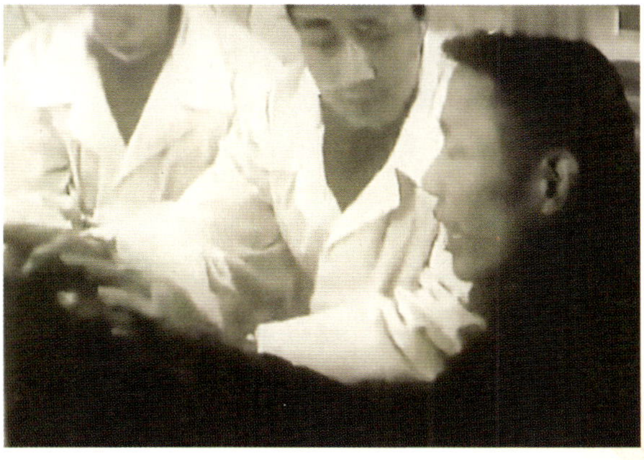

赵洪璋教授（右）与李振岐（中）等在小麦加代室研究小麦抗病育种

理、自然进化与人工进化的关系以及变异、遗传、选择这个经典遗传学三要素，这是育种工作的主导理论。由遗传学原理和生态学知识相结合而产生的以生物变异规律发现和创造变异、以性状遗传规律分析并稳定变异、以生态作用规律辨识、选择和利用变异等系统法则，构成了育种设计和施工的基础理论、实践依据和执行原则，这是育种学理论的骨架与主体。在开拓研究、纵深探索及技术表现、技巧运用、落实措施、保证手段等方面，众多的支撑学科组成辅助力量而发挥主导作用。

1974年，赵洪璋院士（左二）与耿志训教授（右）等在李丕皋试验地指导小麦育种

“育种学是一门多学科指导下的强综合性与高灵活性并举的实践应用科学，也是一项融科学于技能技巧之中的表演艺术”。这是赵洪璋老师积50多年科研、生产经验与理论于一体的经验之谈。这种对于育种学理论的娴熟领悟、概括及运用，不仅体现了赵洪璋老师在实践中关于综合且高度灵活的风格，更是展示赵洪璋老师在基本理论和多学科领域里

尊重科学的态度和驾驭科学的本领。作为教授、院士，赵洪璋老师走出了一条有自己特色的、集广博学识于自身专业领域的育种科学新路子，并运用得炉火纯青。

从历史上来看，我国小麦生产，随着育种栽培技术的提高而不断发展，尤其是中华人民共和国成立后的发展更快。与1949年相比，1979年小麦产量提高了4.54倍。这其中有一位小麦育种学家居功至伟，他就是赵洪璋。

从1940～1989年，在漫漫半个多世纪的黄土地上，赵洪璋老师和他的同事们一起，一路风尘一路歌，在辛苦耕耘，艰苦跋涉，培育、试验、推广着一批又一批小麦良种。他们走到哪里，哪里就呈现一片诱人的麦浪。他的品种走到哪里，哪里就传出阵阵丰收的锣鼓声和喧天的欢声笑语。

一生与小麦育种结缘的赵洪璋老师，从小麦下种、扶苗、收获直至考种他都亲力亲为，几十年如一日，没有节假日，整天泡在试验田中。有时遇上狂风或滂沱大雨，别人往家跑，他却往地里跑，冒着狂风大雨观察小麦倒伏情况。他要求自己一定要做到“不管春夏秋冬下雨刮风，试验田的第一个脚印一定是赵洪璋的”。

“当时我们就跟着赵老师，那么大的雨，站在田间观察小麦的倒伏情况，现在这种场景根本就见不到喽”。宋哲民笑着说，仿佛又回到了那个大雨倾盆的午后。

赵洪璋老师有一个习惯，出差临行前最后一件事就是看一遍试验材料。返回学校后，第一件事就是赶往试验地捕捉新情况。这些，也都成了王辉小麦育种实践的常态。

赵洪璋老师的爱人关锦华曾打趣地对赵老师说：“你的脑子里就只有一个小麦。”

赵洪老师也风趣地回答说：“就这一个小麦也没搞好。”

赵洪璋曾说过："人的生命只有一次，小麦就是我的命。"

1987年，赵洪璋（左三）在中国农科院与庄巧生（左一）参加汇报会

1988年，赵洪璋因病在宝鸡住院，当时的宝鸡市委书记看望他时提出在宝鸡送他一套房子，他说："我一个搞小麦的，住在城市怎么搞。一天不见小麦，我就不能安宁。"

直到1993年国庆节，赵洪璋还坚持在地里播种。二儿子跑到地里叫他回家吃饭，反倒被他拉着做帮手。

为了表彰他对祖国和人民的卓越贡献，1950年，赵洪璋老师被授予"全国劳动模范"光荣称号，1954年担任陕西省政协委员。1955年，也就是他37岁的时候，赵洪璋老师被推选为中国科学院学部委员（院士）。1956年，赵洪璋老师光荣地加入中国共产党。从这一年开始，他连续担任了第二、第三、第四届全国政协委员。1957年，兼任中国农业科学院学术委员会委员，1971年兼任中共陕西省委委员。从1975年起，赵洪璋老师连续担任第四、第五、第六、第七届全国人大代表。1977年，任陕西省第5届人大代表。1978年，赵洪璋老师主持选育的"碧蚂1号""丰产3号"两个小麦良种，双双荣获1978年全国科学大会和陕西省科学大会奖。并多年担任多个省、地、县小麦生产顾问等，1979年兼起任国家科委委员、西北农学院副院长……

20世纪70年代初期，赵洪璋老师根据大量调查数据和试验资料发现，当时推广的小麦新品种和参加区试的重要品系，产量潜力都能达到亩产400公斤以上，但由于晚熟、倒伏，特别是抗病性较差而难以稳产在400公斤的水平上。加之中国小麦主产区小麦病害种类增加、病情加重的趋势，他在中国小麦育种界率先提出并制订了在保持基本适应性和矮秆早熟的基础上，以“多抗性”为目标的新品种选育方案。

1980年，西北农学院成立小麦研究室。而在此前的1978年，即建立当时全国第一个小麦“加代室”。之后，赵洪璋老师亲自率领同事们从抗性遗传、抗源筛选、鉴定方法研究到杂交后代选择，进行了大量艰辛的准备和选育工作。

1988年，年逾7旬的赵洪璋老师，虽然难免偶发“力不从心”的感慨，却从不减驰骋千里之志。在当时世界小麦育种处在徘徊爬坡阶段，赵洪璋老师为自己领导下的小麦育种研究室描绘了新的蓝图，以英雄不减当年的魄力、胆略、气概和干劲，在理论和实践的第一线上日夜耕耘，英勇开拓，奋志攻关，决心跃上中国小麦育种的第三个新台阶。

在小麦试验田中观察小麦选育情况的赵洪璋教授

正在思考中的赵洪璋教授及其手迹“从理论和实践的结合上研究和分析问题”

尔后，经过近10年的辛勤努力，赵洪璋老师率领的科研小组以高产、优质、抗病、抗逆、早熟为育种目标，又选育出3个不同类型的小麦优良品种或苗头品种。其中“85”麦以高抗倒伏、抗赤霉病、早熟、分蘖多、亩产400～450公斤首先脱颖而出，通过陕西省品种审定委员会审定，大面积推广种植。另外几个“苗头”品种如“西农881”等也已初步显露头角，不久就在农业生产上大显身手，开创了中国北方冬小麦产区小麦抗赤霉病育种的成功先例。

辛劳半世纪，
精心育麦种；
至今清风袖，
俨然一农夫；
漫漫黄土地，
万民皆口碑！

这是一位诗人当年给赵洪璋老师写的一首诗。

从1973年调回母校那天起至1994年，王辉主要协助赵洪璋教授完成国家“六五”“七五”和“八五”小麦育种科技攻关课题研究。当时他主要分工负责小麦育成品种的区域试验。

在此期间，系上决定让王辉在参与赵洪璋教授科学研究的同时兼顾教学，负责教学用的小麦标本区管理，为大学生带小麦标本区教学实习。

这期间，他得以利用标本区挤出的2亩地，开始做杂交组合，自己独立从事选育小麦优良品种。

那时，没有什么科研经费支持，他做的，完全是出于自己的兴趣和爱好的“自发”工作。

晚年赵洪璋教授

不幸的是，1994年2月7日，赵洪璋老师因心脏病突发，经抢救医治无效，在陕西杨陵不幸逝世，终年76岁。

病逝前几天，赵洪璋老

师还分别找小麦研究室的同事探讨育种学术问题，商量等春节过后天气稍暖，就要到附近的县市去了解小麦生长情况。

赵洪璋老师去世后，在整理他的遗物时，人们看到他的一个笔记本的封面上，写着10个端庄醒目的大字“脑勤、眼勤、口勤、手勤、腿勤”。

王辉深深感到，这10个字，记录着赵洪璋老师的过去，激励着包括他在内的更多人们的现在和将来。

赵洪璋老师一生严于律己，经费一点一滴都要用在科研上，没有为自己买过一分钱的东西。数十年来，无数的公函和复信都是自己掏腰包，所得的小麦良种推广收入，赵洪璋老师全部充作试验费，以弥补科研经费的不足。

对自己，赵洪璋老师更是严格要求，一辈子没穿过什么好衣服。出外开会、办事的“家当”就是为出国特意做的一件大衣和中山装。穿在身上的毛衣磨出两个大洞，他也不添置新的。十几年来，他到附近县市出差，没有报过一分钱的出差费，连陕西省奖励的自行车都提供给小麦研究室公用。

赵洪璋院士（右）、杨天章教授（左）与外国专家在小麦试验田中

赵洪璋老师说："人做几件好事并不难，难的是一辈子不做坏事。"他经常劝周围的同事："把一切看开，什么名誉地位完全是空的，只有德业永存。"

赵洪璋老师最后留给子女的是装满各种任职、聘书、奖章和荣誉证的一个皮箱……这些都是他平凡而伟大一生的历史见证，也是他留给学生和子女最宝贵的精神财富。

生在旧中国，长在红旗下，王辉能够在政府的资助下读完小学和中学，是他觉得特别欣慰的事。生在杨凌，长在杨凌，读书在杨凌，小麦育种的本领来自杨凌，来自西北农学院，来自一代育种大师赵洪璋院士，所以，毕业后，他历经坎坷曲折，转了一大圈又幸运地回到杨凌自己的母校工作，把最旺盛的生命和最美好的年华直至自己的大半生献给小麦育种事业，献给杨凌这个古老而又年轻的农业科学城。

赵洪璋老师的人生和育种足迹给王辉的一个重要启示是，良种的水平，代表和体现的是一个民族的科技水平。这使得他的选择更加具有一种神圣、崇高、庄严、壮美的无穷魅力。

为此，更加坚定了他追随小麦育种大师赵洪璋攻艰克难从事小麦育种的决心和信心。

西北农林科技大学小麦研究中心

西北农林科技大学小麦研究中心加代室

敬业篇

咬定目标不放松，
冲突性状巧调停。
千难万苦浑不怕，
育得金种慰苍生。

——牛宏泰·咏王辉教授之二

从里到外，王辉都是一个非常典型的秦人、陕西人——身材相貌粗壮、高大、威猛而又敦实——活生生一尊“兵马俑”。性格内向，寡言少语，不善言辞，实诚、厚道、淳朴、仗义、豪放、爽利、豁达、大度、善良、面冷，情感深藏不露，但却外冷内热，犹如“热水瓶”。与人相交，义气为先，重义轻利，当然也就不善经商。性情耿直，“一根筋”“认死理”“一条道走到黑”，倔强固执。说话做事，直来直去，不会拐弯，脾性噌倔。崇尚骨气，为人大气，讲究格局，钦佩气节，宁折不弯，从不愿弯下挺直的腰杆，从不愿低下高昂的头颅，既不察言观色，“看人眼色行事”，有时反应迟钝，不够灵活，不善通达权变、审时度势，更不喜欢奉迎，心气狂傲，自尊心强，性格倔强，不服输，“势大自尊心气高”，看不惯更看不起过于精明的“九毛九”“九头鸟”，也看不惯“京片子”和好吃懒做只说不干的“谝传客”“逛三”，最看不起那种趋炎附势溜须拍马者流——常斥之为“溜沟子货”“舔沟子客”。与人相交，一旦看不上你的人品，那可就对不起了，正眼都不瞧你一下。正所谓“人不投缘半句多”。处事谨慎，处世冷静，不以物喜，不以己悲，宠辱不惊，稳健持重性雍容，沉着深沉有古风，凡事严格遵守“规则”，从“不越雷池半步”。崇尚“活人要活得有志气”“活人要活得有骨气”“活人要活个刚梆硬正”。

英国天文学家普罗克特说，梦想一旦被付诸行动，就会变得神圣。

王辉教授在育种试验田中观察记载

在小麦试验田里，王辉梦想的种子开始生根、萌芽。

追随小麦育种大师赵洪璋院士大半生从事小麦育种的王辉，受这位前辈大师的濡染、熏陶，除了信念坚定始终如一，坚持“立地”扎稳根基，他还坚守一条不动摇，这就是咬定“高产、优质、早熟、抗病、抗逆、广适”这几个中心目标始终“不松口”、不动摇。

尽管在各个不同的历史阶段，政府部门的导向性决策多变，忽而一味追求高产，忽儿追求稳产，忽儿追求优质，他都没有动摇过、改变过，更不“跟风”，而是“咬定目标持久战，立根深广风难撼。任凭潮头浪起落，滴水穿石硕果现”。因为他认准了，一粒种子可以改变一个世界，一个品种可以造福一个民族；一粒小小的种子，关系着亿万百姓的温饱安康与生活质量；一粒小小的种子，关系着亿万农民兄弟的增产增收与富足小康；一粒小小的种子，捍卫着国家的粮食安全与种族的生息繁衍；一粒小小的种子，凝结着农业科学家的智慧、心血、汗水和梦想。

王辉这个新中国培养的大学生和大学老师，有着中国农民般的赤子情怀，学农，爱农，钻研农，不怕脏，不怕苦，随时随地抬脚就进了麦地，观察小麦生长情况，刮风下雨，严寒霜雪，蚊虫叮咬也无法阻拦他的热情与痴迷。每年盛暑，蹲在半人高的密不透风的麦田里，从早到晚，一蹲就是好几个小时。实在受不了了，才站起来伸伸腿和腰身。有时那个闷热，简直能把人“烤成红薯”，蚊虫又不时来叮咬，咬得一天一身斑疤、一天一身肿块……每年的种子和育种材料收获季节，他又像是赶场的“麦客”。有人曾风趣地称他是“高级麦客”。

说他这“麦客”“高级”，其实也“高级”不到哪儿去。若说是“比麦客还麦客”，倒似乎更确切些。

了解“麦客”“赶场”的人都知道，秦陇等地的“麦客”到种小麦的人家挥镰帮助割麦谓之“赶场”。一般由小麦最先成熟的陕西东部开始，一场一场地往西赶，待赶场赶到自己家门口时，自己家的麦子也到了该收割的时间。至此，一年一度的“麦客”“赶场”生涯宣告结束。年年都是老麦客带新麦客，大麦客带小麦客。一度还出现了“女麦客”。白天，他们“赶场”割麦挣饭吃、挣一些“下苦钱”带回家中养家糊口，夜间则露宿街头、巷尾、场院、树下、地头或屋檐、草垛下，如此一天天周而复始，前后持续三四十天甚至更长时间，十分苦焦。

侯登科《麦客》

然而，谁能想到，身为大学

教师的王辉以至他的团队成员，年年都得做这样的“赶场”“麦客”，顶烈日，战酷暑，搏风雨，每个夏收的日程都排得满满的，所有“有希望”“有苗头”的组合、品系甚至单株单穗，都得单打单收、单独标记、单独记载、单独晾晒、单独保存……以备来年继续试验。每天“麦客”般赶一场，上有烈日曝晒，下有灼热蒸烤，更兼一头麦糠、一身麦草、满脸黄土和呛人的飞尘草渣，一天场赶下来，对面互相谁不认识谁，绝对像“麦客”。一个收获季节下来，整日露天作业，个个晒得蜕好几层皮，而且个个晒得黝黑，活像“黑包公”。

而他这个“高级麦客”的“赶场”，一赶，就是五十年！

正是这种浩瀚、宏阔的中国知识分子“铁脊梁”般的责任担当，支持着王辉的金色梦想。正是这种浩然、博大的家国情怀，支撑着王辉长达半个多世纪的“追梦长征”和五十年的“麦客”“赶场”。正是这种崇高、正义的中国人的民族豪气和勇于牺牲的精神，维系着王辉这个普通的炎黄子孙的正气和“初心”。

地地道道的关中汉子王辉深知“谷贱伤农”的沉痛历史教训。他更

王辉教授（左）与助手及学生在小麦育种试验田中

播种试验中的王辉教授

深知中国人吃面的习惯已经成为一种近乎顽固的嗜好——他自己就是这样的一个习惯近乎顽固的“嘴刁”到近乎苛刻的“面肚子”陕西人、关中人——一天不吃顿面就好像一天没吃饭，一天吃三顿面也不嫌，三天不吃面就发急，一周不吃面简直就要发疯。每每到外地出差，其他的都好将就，最不能忍受的是吃不到面条——大多数时候吃到的所谓面条也与陕西人地道的面条相去甚远。每每出差归来，下车后第一件事就是赶紧先找一家地道、正宗的面馆，先美美咥一碗面条过过“面瘾”再说其他事。

王辉听说过这样一则相传甚广的故事，说是20世纪五六十年代，有三个有“面瘾”的陕西同事到南方出差，好几天顿顿吃不上面条，“面瘾”早已“发作”得“受不了”，个个都猴急了。这天一到上海，看到“阳春面”的招牌，大喜过望，立马进店，每人要了六两。开票的服务员疑惑地问他们几个人吃。三人回答说三个人。服务员不解地看着他们，强调说吃不完可不能退的哦。三人说，那当然。他们没想到，那时上海的阳春面是半两一碗。每人六两也就是每人三十碗，三个人总共就是九十碗。

九十碗阳春面，满满当当摆了三大桌。立即招来全店的众多食客和厨师、服务员围观，想看看这三个人如何吃下这三大桌九十碗阳春面。因为在当地，每人最多也就吃两碗。大多数人每次只能吃一碗。九十碗阳春面，是当时上海十三四个甚至十五六人的量。

只见三人三下五除二、唏唏溜溜一阵风扫残云狼吞虎咽，满满当当摆了一大桌的九十碗阳春面，被三个人吃了个精光，只留下所剩无几的九十个半碗或小半碗清汤。这场面，这阵势，令围观“看戏”的全店众多食客和厨师、服务员个个唏嘘不已，目瞪口呆。

服务员这时走上前来客气礼貌地问觉得怎么样。三人抹抹嘴，两个人各说了两个字——一个说“将就”，另一个说“凑合”，第三人说了四个字——马马虎虎。

这表明，三人并未真正满足。因为他们看出了当时在场所有围观“看戏”人的惊诧、怪异、不解的“目瞪口呆”眼神，虽然未能尽兴、解馋、过瘾，却为保持“斯文”而强忍下未能过足“面瘾”的“遗憾”。当然，这阳春面和他们想吃的真正的陕西面，相距也实在有些远……

王辉知道，这则故事其实还只表明了陕西人爱吃面的一个小小的侧面，更多的侧面还有的是。如有的竟然为了能天天咥顿面而放弃在北京、上海、广州、杭州等“大地方”很好的工作、很高的职位甚至很好的收入。有的竟至放弃国外舒适的生活乃至十分诱人的高位高薪……

王辉说，育种的第一个关键是确定目标。这是他从赵洪璋老师那儿学来的。

王辉在试验田中俨然“一介农夫”

“育种最关键的是定目标，有了目标才能育出好种来。”在孙道杰看来，这正是王辉最与众不同的地方——前瞻性和坚持。

“20世纪80年代刚开始育种，高产、抗病是潮流性主导方向，但王老师却根据当时陕西夏秋作物争时矛盾突出的现实状况，选择早熟做方向，这是他创业开始时选择的方向。”

在黄淮麦区，早熟育种是个开创性工作。特别是王辉育成的“西农1376”。目前其他做小麦育种研究的单位，都把“西农1376”作为抗病基因和早熟机制研究的重要参考或组合材料。

而在孙道杰看来，王辉的坚持则体现在没有经费的时候，“在大家觉得分子育种很时髦，国家导向、经费支持转变时，他仍然认为生产上最需要的还是杂交育种”。

“不管有钱没钱，我们先做。”王辉常说。

“这一切，都是以解决生产实际问题为最主要导向的。”孙道杰说，“我们的团队是踩着赵洪璋、李振声、王辉的脚步一路走下来的，在材料创新上一直有较大的优势。至今，材料创新仍是我们的优势。”

“在王辉老师育成的12个小麦优良品种中，目前看，还没有直接的国外小麦血缘。国外小麦血缘的利用，也许会是我们的下一步目标。”冯毅博士说。

这期间，随着新技术革命浪潮的风起云涌，中国乃至世界育种领域涌现出包括此前就已经实践多年的核育种在内的很多育种方法，诸如太空育种、分子生物育种、远缘杂交育种、基因嵌入、基因克隆、分子标记、RNA重组、RNA干扰基因人工组合、组织培养、小麦“三系配套”、化学杀雄、单体、缺体、转基因，甚至“气功育种”……

一时间，“知识爆炸”。

新技术、新概念、新信息铺天盖地而来，弄得人们一时六神无主。有的人觉得这是潮流，这是未来的方向。因而趋之若骛者有之，嗤之以鼻者有之，不屑一顾者有之，懵懂无措者有之，蒙头转向者有之，头脑清醒理智对待者更有之。

王辉属于后者。

那时，大凡带有这类新技术、新概念、新名词的令人眼花缭乱的研究项目，似乎就是创新、未来方向、时髦、不落俗套的代名词，因而会受到各方面的大力支持，反之则是守旧、落后、止步不前的代名词，因而也就遭受冷遇、难得有所支持、活该坐“冷板凳”。

他一边完成日常教学科研任务，一边“恶补”新知识，新技术。一大摞一大摞图书、杂志报纸被他借来，日复一日地攻读、琢磨、钻研。看完一批再借一批……

同时向相关专家学者当面请教、分析、讨论、交流。

在认真学习、钻研、思考的同时，他也在以“拭目以待”的心态冷静观察，结合自己的小麦育种实践，申请到国家“948项目”《分子育种实用化研究》经费支持，开展系统化研究与探索。

经过漫长的攻读、研讨和冷静观察、思考和科学分析比较研究之后，王辉不仅在光怪陆离的“知识爆炸”“信息爆炸”的迷雾中增长了大量新知识、新技术，也用一双慧眼穿透海量的令人眼花缭乱的新技术、新概念、新名词的重重迷茫云海，看到了更为本质、核心和育种人应该坚守的最本真的目标与方法，这就是经典遗传学的内核那强大的力量。

不断地用现代科学技术知识武装的王辉，“拨开”“知识爆炸”“信息爆炸”的“迷雾”，用他那洞穿海量迷雾的“火眼金睛”，紧紧盯住经典遗传学的内核不放，不以物喜，不以已悲，任凭风吹浪打，风云变幻，我自岿然不动，依然我行我素。

因为他以自己的理性与悟性，把这变幻的风云看得很透。

王辉说，小麦不同于玉米，也不同于水稻。玉米和水稻都是二倍体作物，而小麦是异源六倍体作物，本身就已经综合了三个物种的优势，要想使之更具优势，绝非易事。就以小麦“三系配套”研究为例，最近这几十年，全世界的育种科学家都想攻克小麦“三系配套”这一世界性的难题，除了千方百计寻找保持系、恢复系、不育系，都在努力组配强优势组合的杂种小麦品种。鉴定、区域试验、审定并应用于粮食生产的“三系配套”杂种小麦品种也已经不少，但始终未能得到类似于玉米和水稻那样的大面积种植成功。这说明，其中真正的“密码”与“钥匙”，人类并未真正破解和获取。看来，这条路，还得有相当长一个时期和相当大的努力付出，才有望获得。

王辉教授在小麦试验田中察看灌溉渠道修复

王辉教授（左二）与助手、学生在小麦试验田中考察小麦出苗情况

更何况还有个技术能否便捷、简易化，易于接受和操作，成本高低等许多“拦路虎”横在面前。所以仍然不是一蹴而就的事情。

王辉还说，从全世界的小麦育种种质资源看，种质资源不少，但小麦

王辉教授在小麦试验田中观察小麦抗寒抗冻情况

这个异源六倍体作物本身的特殊性，决定了小麦育种种质资源的“组装”和使用，是一个十分繁复的探索过程，并不是一般人想象得那么简单。生物技术，包括转基因技术手段在内的所有的技术与手段，目前仍然无法直接育成品种，至多也只能用这些技术手段创造出中间材料，然后通过常规育种手段育成好的品种。是否肯定能得到好的结果，也仍然是个需要继续不断探索的未知数。

“育种是一个循序渐进的过程，能不能成为大品种很难说，但总比前面的品种好一点。”王辉说，“还有，小麦地域性很强，国外技术再好，拿到中国来种肯定不行。咱们自己的小麦品种，还是必须要靠咱们自己育。”再说，外国人的育种目标和中国大不一样，外国人食用小麦的习惯和中国人也大不相同，外国的耕作方式和中国也很不一样。外国小麦种子引入中国已经有很多，从外国进口的小麦在中国也已经有几十年了。实践证明，中国人至今还是不大接受。“印度的佛教”“马克思主义”等等进入中国，也有个“中国化”的长期过程。别人的东西再好，都有一个和中国的具体国情结合，消化、吸收、磨合、改进、适应的过程，都不可能一“拿来”就完全适合。

王辉举例说，赵洪璋老师的碧蚂1号、丰产3号利用了国外的碧玉小麦和丹麦的小麦种质资源，也是经过了漫长的“中国化”过程才得以“间接”利用的。再说，就我们中国自身的小麦育种材料而言，截止目前仍然有着相当大的足够利用的空间。我们自己的材料还没有利用到无法利用的田地，似乎还没到必须得使用外国小麦育种材料不行的地步。当然，如果在这方面做支持与探索，也是无可厚非的。我们应该有百花齐放、百家争鸣的大气度与大胸怀，应该有允许各种各样“异想天开”的探索精神存在的大空间，应该有让每个科学家根据自己的学养与兴趣爱好自由探索的自由环境与“科海探索竞自由”的大环境。

王辉教授在试验田中观察小麦出苗情况

王辉说，大凡高产的作物，一般而言品质就不会太好。高产玉米、高产水稻、高产油菜等等都是如此。如何破解高产与优质这一对最突出的矛盾冲突性状，是中国育种科学家面临的最大挑战之一。而外国育种家比我们的育种家轻松，人家没有中国这么大人口压力，只研究优质一个问题。

王辉从不满足于现状，总是不断地盯住一个又一个新的目标，在不断进取的大文章上续写新的一页。

这正是王辉的家国情怀。

王辉本能地意识到，作为自主创新的育种、作为维护民族当下与未来根本性利益和生命之本的“种子”与种子产业，中国作为一个大国尤其是一个人口数量如此庞大的大国，绝不能把关乎国计民生民族未来的根本，寄托在别人身上。国家的命脉，必须永远牢牢地掌握在自己国家的手上。我们中国人的饭碗，必须始终牢牢地端在自己手上。这就是“抓住根本”不能松手。这绝不是“闭关”，也绝不是“锁国”，而是牢牢掌握自主权、主动权。这样，才能不至“有朝一日”得“仰人鼻息”“看人脸色”过日子、讨生活。当然也就不至于那天人家不高兴了，任意“卡我们的脖子”以至“掐死”我们。

这也正是继“藏粮于民”“藏粮于地”之后，科学界提出的“藏粮于技”重要观点的真正含义。

王辉的大女儿王宇娟说：“父亲是从事小麦育种研究工作的，这个职业最大的特点就是无论冬夏，都要在田地里忙碌。印象中的父亲与‘大学教授’这个职业所代表的斯文、儒雅毫无关联，父亲更像一个普通的农民，甚至比农民更加辛苦忙碌。”

王宇娟说：“夏忙季节常常三更睡五更起，几乎每天都不能好好吃一顿饭，看到天气变化就紧张，夜里听到风声就睡不着。一下雨即便是深夜也要往晒麦场里赶，淋成落汤鸡也浑然不顾，一心只顾抢收麦子的形象，至今一直刻印在我的脑海里。一个夏天之后父亲总是晒得黝黑，天长日久他的肤色与一个黑人都没有太大的差别了。记得小时候写作文，题目是《我的爸爸》，我的描述是‘我的爸爸有着古铜色的皮肤’。长大了才知道父亲的肤色并非天生如此。”

王宇娟说，“上中学时，生物老师讲到，要培育出一个新的作物品种，就是在顺利的情况下至少也需要八到十年的时间，而老天哪有那么善解人意呢？那时我才知道父亲的工作有多么艰辛。就在这样工作环境艰苦、劳动强度大、工作成果无法预测的情况下，这么多年以来，我们也从未听到父亲有过一丝一毫的抱怨。父亲平时心中所关注的、言语所提及的，从来只有天气如何、病虫害如何、品种表现如何，下一年的工作如何计划……这种工作态度，我们想已经不仅仅是勤勤恳恳、任劳任怨可以形容的，而是对事业的无限热忱和执着的追求。父亲从事育种事业五十年，工作的前三十余年，都一直默默无闻，没有培育出什么好的品种。我们想任何一个人，如果辛苦工作却依旧家徒四壁，几十年辛劳都难取得一点成果，可能都会或多或少对自己的努力产生怀疑和动摇。如果有其他的机会可能都会愿意去尝试一下，但让我们一直非常敬佩的是，我的父亲，他从来没有过丝毫的犹疑。”

20世纪80年代中期，王辉已年过四十，他和其他同事一样，因当时的特殊时代和历史原因，导致没有显著的成果，没有课题经费，收入微薄，经济拮据。很多同行因此都放弃了专业，另觅他途。王辉也有过好几次调动工作的机会，可他说他哪里也不想去。他总说，关中多好啊，农业生产条件优越，八百里秦川是农业科技工作者的最好战场。我在这里已干了二十多年，如果现在离开，先前的工作基础就全丢掉了，对自己对事业都是一种浪费和损失。因此他依然坚持在关中大地上编织着自己的育种梦。

每年冬天小麦要冬灌，那时王辉常常半夜里穿着胶鞋出去，清早满身泥泞地回来。冬夜里的寒风，不冷吗？到了五月份小麦扬花的季节，也正是小麦育种最重要的杂交环节，王辉常常天不亮就出门，在田间地头一呆就是一整天，真的那样有趣吗？杂交之后就开始自东向西一路视察小麦在各地的长势，一去就是近一个月。到了六月份小麦成熟之际，王辉更是早出晚归，尤其在机械化程度还很低的那些年，小麦收割时头顶炎炎烈日，身受麦芒刺扎，还要和老天抢时间，除了对麦种精挑细选，还有很多的体力活要做，等麦种都整理完毕，王辉总是会消瘦很多。这样的工作，不苦吗？直到现在，王辉的几个孩子周末回家看望父母时，往往还得去试验田里才能找到父亲。几十亩麦田里，远远就能看到父亲一个人站在那里，如孤独的一叶扁舟，又如昂首的一面风帆。

王辉的大女儿说："能够坚持五十年如一日，身心完全投入地去做一项工作，除了热爱，我想不出其他理由。除了梦想，我想不出其他动力。父亲是朴素的，朴素到除了实干还是实干，虽然他从没有说过什么豪言壮语，但我们却从他的行动中深切地感受到，在他的血液里，滚动着中国梦的巨浪！"

"记忆中，每年大年初一，刚吃过早饭，父亲就会丢下我们，自己一个人跑到麦田里，边观察边记录。我们经常与他争论，小麦和我们相比，到底谁更让他牵挂？父亲总是含着笑说'小麦也是我的娃呀'。"

"父亲虽然把小麦当作自己的孩子一样照顾和关注，但并没有因此减少对我们的关怀和养育。我们小的时候，父亲和母亲两地分居，为了不耽搁我们的教育，尽管工作艰辛，每个孩子入了学，父亲就把我们带在自己身边，由他亲自教养。白天，为了保证我们几个孩子有充足的营养，父亲总是亲自动手，不厌其烦地精心为我们准备饭菜。晚上不管多忙多累，也不忘辅导我们学习。二女儿王宇文刚上学时不会数数，午休时间和晚饭后，父亲就把火柴棒摆在饭桌上，一根根教她数数。还跟她做数字游戏，帮助她建立数学思维。”

王辉教授在小麦试验田中查看

1974年，王辉的三女儿王宇蓉出生。

1977年，王辉的小女儿王宇英出生。

王辉教授带领的研究团队种植的小麦试验

至此，王辉和马桂霞两个人要经管一个六口之家，在那个年代，的确难场。更何况此时老家还有一大摊子人需要照顾，父亲已经“年过花甲”，又长期体弱多病。真是上有老，下有小，苦，难，累，像一座座大山，朝他头上、身上沉沉地压了下来。

别无他路，他只有硬扛、硬顶、硬省、硬抠、硬背、硬挣一条路可走。

倔强而强悍的王辉，不得不使出浑身解数与命运一搏。

王辉从自己崇敬的小麦育种大师赵洪璋院士的研究实践中不断汲取着营养。譬如矮化育种。似乎看着简单，其实很不简单。这一“矮”，既是对宇宙“能量守衡定律”的顺应，也是抗性育种尤其是品种抗倒伏性状的顺应。因为小麦的生理性状和大自然以及人力目前所能提供的栽培技术与条件已经达到“阈值”，育种家只能在这个常数范围内“戴着

王辉教授（右）与助手冯毅博士在小麦试验田中

镣铐跳舞”，不可能“为所欲为”“想当然”“玩空想”。小麦良种的生物学特性、地力、光照与积温、水肥、栽培措施等等，都是一个又一个“镣铐”，育种家“戴着镣铐跳舞”的空间和余地十分有限。如何在这有限的舞台上“戴着镣铐”把“育种舞”“跳”好，是对育种家的考验与挑战。

近年来，我国粮食种植面积不断缩小，而人口却在不断增长，提高单产的任务更加凸显了出来，而在目前小麦种植密度已经很大的情况下，大幅提高单位面积穗数已不可能。“只能想办法在穗粒重上下功夫，增加单穗粒重，实现小叶大穗。叶子要变小，还要扯个大穗子，这个难度很大。但这个负相关不克服不行。”王辉的话语很平静，也很坚定。

这就是我们面前真实的、活生生的王辉：有梦想，有人性，直面命运，随处生长，永远乐观，不怨不悔；有悟性，迎难而上，能屈能伸，百折不回；有理性，敢创新，遵循规律，循序渐进，大胆创新，绝不蛮干；有毅力，有决心，有魄力，咬定目标，淡泊名利，宁静致远；

有党性，敢担当，不畏艰险，锲而不舍；敢负责，有底线，奋发向上，长期奋争，顽强拼搏，不屈不挠；有血性，有原则，奋斗不止，愈挫愈奋，永不满足……

王辉教授在育种试验田中观察试验小麦根系发育情况

有一次与王辉教授交谈，听了王辉教授讲“育种经”，笔者禁不住有感而发，写了一首“歪诗”：“十年方摸育种门，再须十年坚守功。只有立地才顶天，熟稔绝技胜天工。”

王辉教授长年使用的铁质架子车和赵洪璋院士早年长期使用的木质架子车等农具至今仍在使用

王辉所在的小麦育种推广办公室，摆放着两辆堪称文物的架子车。现任西北农林科技大学农学院种子科学系主任、王辉的学生和助手孙道杰副研究员和王辉的另一个助手冯毅博士介绍说，木质的架子车是赵洪璋老师用过的，铁质的架子车是王辉老师用过的。细一看，就会发现两辆架子车翘起的车辕手把都磨去了一个角。木质架子车车辕手把磨掉的宽一些，长一些。铁质的架子车车辕手把磨掉的浅一些，短一些。这深深浅浅的磨损，记录着一代小麦育种大师赵洪璋育种的艰辛历程，记录着小麦育种家王辉成长的艰辛岁月。

王辉立志追随自己崇敬的老师、小麦育种大师赵洪璋院士从事小麦育种，也从恩师身上学到了育种者的一个重要信条——“向下扎根，向上结果”。

这，不由使人联想到安泰。

安泰是中国人叫的名字。安泰的全名叫作安泰俄斯，是希腊神话中的一位力大无比的巨人。安泰俄斯是大地女神盖亚和海神波塞冬的儿子，居住于利比亚，娶的妻子名叫廷吉斯。安泰俄斯力大无穷，而且只要他保持与大地的接触，就可以从他的大地女神母亲那里持续获取无限的力量，他就是不可战胜的。为了给他的父亲波塞冬建立一座神庙，他强迫所有经过他的土地的人与他摔跤，凡不能战胜他的人，都得被他杀死，并以此收集死者的头骨，为他的父亲建庙。

当希腊神话中最伟大的英雄赫拉克勒斯经过利比亚时，发现了安泰的这一秘密——安泰的无穷力量来自于与大地的接触。在两人的决斗中，赫拉克勒斯将安泰举到空中，使其无法从大地女神母亲盖亚那里获取力量，最后终于把安泰扼死。

“小麦品种生态型分类应该注意三个指标……”一张口，王辉的“专家范儿”立刻显露——他不仅是陕西省小麦产业技术体系首席科学家、陕西省小麦品种审定委员会首席专家，还是2012年度陕西省科学技术最高成就奖获得者……

王辉不仅扎根泥土五十年，把论文写进泥土里，还把更多的论著写在大地上。他系统、深入研究、学习和借鉴小麦育种大师赵洪璋老师的小麦品种选育理论与成功经验，结合自身多年的科研和实践，主持创制出“常规优化育种法”小麦高效育种技术新体系，利用该技术体系指导育种实践，实现了小麦多个负相关优良性状的良好结合，先后育成“西农979”“西农9718”等12个各有突破的小麦新品种并予以扩散推广，创造了可观的社会经济效益，对陕西省及全国小麦育种科研起到了显著的推动作用。

育种，看似平凡纯朴，成功时也有鲜花、掌声与几分光鲜，但因农作物受地域地理环境、天气气候条件等影响巨大，又涉及遗传、土壤、水分、肥料、气象、气候、光照、生态、生物、耕作、栽培等多个学科，要想把这些学科的相关知识与育种实践紧密结合起来，没有十年八年的磨砺是连门也摸不着的，更不要说想育成什么品种。从确定选育目标，到配置组合资源材料，到品系比较选择，从区域试验到审定，从试验到推广——这条良种选育推广之路，无疑是一条非常漫长的道路。王辉育成的“西农979”小麦优良品种，从1987年开始组合配置，到1997年完成组合配置，再到2005年过关斩将通过国家审定，整整用了18年时间。

王辉所在的西北农林科技大学小麦研究中心办公楼一进大门处挂着一幅赵洪璋教授蹲在麦田里观察的照片，他的办公室里摆放着一张赵洪璋老师的老照片。王辉的硕士和博士及助手张玲丽说，王老师不管搬到哪里办公，都要带着赵洪璋老师的这张像。如今，接手小麦育种事业的孙道杰也离不开王辉教授的引领。孙道杰走进推广办公室的库房，如同走进自己的家，边走边介绍边讲解，说起堆放的各式工具如数家珍。他摩挲着架子车日复一日年复一年磨损掉的车辕手把，满含激动地说，靠北墙的一张黑板，赵老师曾经在那里给学生们讲过育种要领，王老师也站在那里讲……

王辉的学生和助手冯毅博士介绍说：“做育种的必须要能吃苦，要不怕脏、不怕累、不怕晒。全世界做育种的都一样，都是下地、下地、再下地。实验室里是育不出好品种的。”这是王辉老师经常给我们说的一句话，更是他人生的真实写照。他从开始做科研，默默无闻直到1991年第一个小麦品种西农84G6问世，其间经历了一无经费，二无材料，三无助手，四无设备和工具的艰难困苦，各种艰辛非常人所能忍受。但他甘于清贫，耐得住寂寞，摒弃浮躁，脚踏实地，才得以育成12个小麦新品种，遍播黄淮麦区。

岁月不居，天道酬勤。正是这常人难以承受、难以理解的痴迷，在无形地支持、支撑着王辉。正是对育成“一粒金色的种子”以改变世界的对梦想的执着信念与坚持在推动着他，精心做好每一份耕耘，正是这种踏实严谨的科学态度，最终使他迎来了盆满钵满的累累硕果。

冯毅说，王辉老师在地里给我们讲得最多的一句话就是“做育种一定要严谨、客观、求实，来不得半点虚假”。王辉的严谨、严格，是他的助手们和硕士、博士们说得最多的话题之一。“王辉老师的严谨，严格甚至严厉，是出了名的。”

冯毅说，记得有一年夏收前，王辉老师让他对一个高代品系在收获前进行测产，他带了两个同学去调查，晚上把结果给王辉老师。第二天正在收获时，王辉老师拿着他昨天的调查结果对他说，亩穗数调查可能有问题。让他根据收获后的麦茬再调查一次，经过反复调查后的数据，他才认可。

王辉认识到麦田增产最重要的首先是种子。种子是农业生产的基础性生产资料，是农业科技的“芯片”。为此，从1973年调回母校西北农学院开始从事育种工作起，为了研制出好品种，王辉整天待在地里耕作播种、授粉杂交、观察记录。尽管十分忙碌，但由于育种工作有各种不确定因素，即便顺利，一个新品种也得经过8年甚至更漫长的实验。虽然有困难，随时还有失败的危险，但王辉始终没有放弃最初的梦想。

小麦籽粒

“我想要的性状经过杂交组合后能不能出现？谁的表现最好？”王辉说，育种过程就是育种人的梦想与现实不断斗争、磨合的漫长过程，就是优中选优的过程。

就这样，王辉“五十年如一日”，每天早早来到学校里的试验地，胳肢窝夹着笔和记录本。他一边在麦田中穿行，一边在本子上记下一个个数据，上百个品种的株系结构、叶片形状、分蘖情况等一目了然。

从春天到冬天，田间地头都留下了王辉的身影和脚印。“王老师在地里来来回回地走，成天对着一株株小麦从上往下、从下往上反反复复地看，为的是充分掌握其特性。”与王辉共事多年的学生王成社教授说。

王辉教授选育的誉满黄淮的“名星品种”——“西农979”。“西农979，谁种谁富有”“冻不死的西农979”成为黄淮麦区农民的顺口溜和口头禅

每年从3月中旬开始，王辉教授就天天下地观察记录。从9月初的整地、分区、划行、施肥到10月份的播种，冬春季的抗病观察与鉴定，再到初夏的授粉杂交，盛夏的分类收获、晾晒，7月份的室内考种，8月份的又一轮试验安排，再回到9月份的整地等等，一年又一年的五十个年轮，就在这辛辛苦苦、忙忙碌碌中度过。作为大学教师，王辉教授从来没有过寒暑假、周末休息日。从风华正茂的青年到年逾古稀，日复一日，年复一年。单是“西农979”小麦品种的选育就用了18年，试问人生能有几个18年？如果不坚持，又何来“西农979”的诞生？

就是这样年复一年、日复一日的深入田间地头的研究，王辉教授在小麦遗传育种理论、方法研究和小麦新品种选育上取得了多项重要创新性成果，共育成12个小麦新品种。其中，冬小麦品种“西农

979”以其高产、优质、越冬性强等性状，迅速地从关中麦区走向黄淮海大型麦区，累计推广面积达1亿多亩，累计增收小麦50亿公斤，新增效益70亿元，为保障国家粮食安全做出了突出贡献。

王辉教授的学生张玲丽说，从麦种入土直到收获以至考种，王辉教授事必亲躬。风雨交加的日子，王辉老师就蹲守在麦田考察小麦的抗倒伏性能。严寒的冬天，王辉老师常常要察看小麦的抗寒性能。每每出差回来，他的第一件事就是直奔试验田……

为什么要这么认真呢？王辉说“育种是一个国家、一个民族的命脉”“品种寄托着农民丰收的希望，关乎国民经济发展和国家粮食安全。一粒种子有可能改变世界。容不得有任何的轻视与忽视，容不得半点马虎。任何一个环节都要特别仔细。”

王辉的硕士和博士张玲丽说，王辉老师经常说，如果育种试验数据不严谨、不真实，那么当品种在推广时，就有可能给农民造成损失，给生产带来危害，甚至会影响到国家的粮食安全。这既是一种严谨求实的科学态度，更是一种对人民负责的高度。

在小麦杂交和收获的季节里，为了抢时间，王辉中午基本不回家，午饭由家人直接送到地里，有时干脆自带点干粮——早晨出门前揣两个馍、灌一壶“凉白开”，饿了或中间休息时蹲在地头就着咸菜啃几口馍，“凑合着吃点”，也算“解决”了一餐。工作的忙碌，使王辉由最初的顾不上吃早饭养成了现在不吃早饭的习惯。

王辉教授选育的誉满黄淮的“名星品种”“西农979”籽粒

“从严谨求实的科学精神

中来”。王辉的办公室里，一直端放着育种大师赵洪璋院士的相片。恩师虽已过世多年，但老农科精神从未离去，一直激励着王辉不断前行。

“从田间地头理论联系实践中来”。年复一年，9月整地划行，10月播种，冬春田间观察抗病鉴定，初夏授粉杂交、选择材料，盛夏分类收获，7月考种、室内选择和试验总结，8月新试验安排。育种工作总是这样周而复始。

“从产学研结合中来”。王辉认为，种子好不好要由农民说了算。2012年全国气候异常，小麦种植大省河南遭遇罕见的低温天气，并爆发赤霉病。然而，“西农979”表现出优秀的抗性，依然取得了大丰收。

“扩大品种的适应性，一定要多点育种。”赵洪璋院士的谆谆教诲言犹在耳，王辉带着他的育种团队，在黄淮麦区6个省建立了22个试验站。陕西5个、河南8个、安徽5个、江苏3个……每年播种、抽穗、收获时，王辉都要把这些试验站跑个三四遍。

在渭北旱塬区看抗旱性，在水肥条件好的地方看抗倒伏性能，拔节期看有效分蘖，灌浆期看灌浆速度，成熟期看是否早衰……在试验田里，王辉就像一个经验丰富的“老农”，对每一棵、每一株、每一系小麦的性状了如指掌。

“只有经过复杂条件的检验，才能知道种子到底好不好。”王辉常说。

王辉坦承，他从小麦品种选育试验一开始，就把目标确定得很高、很明确。这就是高产、优质、早熟、抗病、抗逆。而这些目标在育种领域，全都是“鱼与熊掌不可兼得”的互相冲突、互相矛盾的性状，早熟与高产、早熟与优质、早熟与抗病性、高产与优质、高产优质与抗病抗逆、早熟与抗病抗逆等等，这些目标性状如何实现巧妙结合，是培育优质品种需要解决的关键。

现实的挑战是，产量高的小麦往往品质差，品质好的小麦通常产量低，早熟的小麦抗寒性差，耐寒的小麦却难以早熟，产量高的小麦往往不抗病不抗逆，抗病抗逆的小麦往往产量低而且晚熟……如何才能将这些相互冲突、相互矛盾的性状调和在一起，找到合适的育种材料，进而培育出优质又高产，早熟又抗病抗逆的小麦品种？在半个世纪的岁月里，王辉带着这样的梦想在现实中苦苦探索和不懈努力着。

所以王辉“育种经”中的第一句名言是“十年方摸育种门”。

育种工作是一项孤独、寂寞、枯燥且技术含量极高的工作，蚊虫叮咬、风吹日晒、雨淋霜冻、严寒侵袭、炎热酷暑、饥饿干渴更是家常便饭。吃不了苦，怕脏、怕累，不愿意常年钻在守在试验麦田里，就不会出什么品种，更不要说什么好品种，出什么好育种家。

“育种是一项充满希望的事业，播种就是播撒希望。”王辉说，“就单纯的工作来讲，的确很枯燥，但是深入进去以后，总有隐隐约约、若有若无的希望在前面召唤。有了这个念头，就不会感觉到枯燥了。”

小麦试验田中的王辉教授

这就是一种使命感、责任、担当。这是王辉能够坚持坚持再坚持的最大动力。

扶耧播种的王辉教授

谈到育种事业的成功，王辉将其归功于赵洪璋老师的带动、引领、示范，归功于团队协作，归功于单位的支持，归功于社会、时代、万千农民以及相关企业……

王辉大半辈子痴迷小麦育种，所思、所想都离不开小麦育种。他坚持认为，要想育出良种，常规育种这条路必须一直走下去，而人才是完成这一任务的首要条件。20世纪90年代初，王辉从组建小麦育种团队初期起，就一直在思考如何提高团队的凝聚力和生命力等问题。

“以身作则，啥事都走在前面，团队的人才会服你。”王辉常跟团队成员讲，育种是实践性很强的工作，不下地不行。试验地的培养、育种目标的确定、亲本的选配、田间选择、生产观察等等，他都要求大家深入大田、深入生产第一线，及时发现问题、研究问题、解决问题。遇到刮风下雨，天寒地冻，大旱、病虫害发生等特殊情况，王辉总是第一个去试验田查看小麦的性状表现。即使家家欢度春节的大喜日子，王辉仍旧雷打不动地到大田里查看小麦墒情等。时间久了，王辉带的助手和学生都“摸准”了老师的脾性，都会自觉地来到大田里开展研究。

作为王辉的“得意门生”之一，孙道杰副研究员从1993年起就跟着王辉。从大学生成长为一名副研究员，承担国家自然基金项目后，孙道杰仍一如既往地跟着老师干。

王辉教授（左）和助手在扶耧播种，闵东红教授（中）、孙道杰副研究员在“拉套”

“王辉老师那种不计个人得失、潜心育种事业的精神深深地折服了我。我还需要跟他学很多。”孙道杰的低调谦虚，有点师承王辉的味道，“王辉老师把心思都放在了工作上。他埋头苦干，节假日总在办公室或试验田，想找他，去这些地方绝对找得着。”所以王辉“育种经”中的第二句名言是“再用十年守麦田”。

中国千百年来形成的各地民众的饮食习惯与近乎刁钻的口舌味觉，对品种的期待值极高，使得育种家必须直面民众的需要。实践是检验真理的唯一标准，民众是检验品种优劣的第一杆秤。所以必须学会并善于与种植品种的农民打交道。怕降低身份、降低身价，看不起农民，不愿意或不善于与农民打交道，你永远也听不到、看不到“第一杆秤”到底有什么需要、有什么要求和有什么评价。再厉害、再有能耐的育种家，说得再天花乱坠的方法和育出的品种，脱离了农民大众，就像脱离了大地的安泰。在品种的选育目标上，不可忽略农民的需求；在品种的特质上，不可忽略农民的口味；在品种考察定位上，不可忽略农民的感受；在品种的展示上，不可忽略农民的分享；在品种的市场运作上，不可忽略农民的传播；在品种的推广上，不可忽略农民的笑脸；在品种的营销上，不可忽略农民的口碑与心声。这就像农作物、树木等等一样，必须先得“立地”，然后才能向上生长直到“顶天”。不“立地”，何谈“顶天”？想“顶天”，岂能不先“立地”？因此，王辉“育种经”中的第三句名言是“只有立地才顶天”。

这还不算不同历史阶段政府及农业主管部门一任任领导“政绩需要”的主导及其个人的好恶等等，使得育种工作者每前进一步都浸透着无尽的心血、汗水、甘苦、灵智甚至辛酸与无奈。

师从赵洪璋教授，王辉练就了过硬的育种技术。他不仅严格要求自己，而且更加严格地训练他的团队。不管哪道工序，他都精益求精。

王辉教授（中）在试验田中查看小麦品种西农822生长情况

绝技之一：练就一双“火眼金睛”。

经过长期的实践和观察，他也练就了同赵洪璋老师一样的独特的“识珠”“慧眼”。

“育种最重要的是眼力，而眼力是‘无字天书’，得在地里悟，靠腿量”。“要想品种好，地里踩死草”。那是靠下硬功夫、死功夫才能得来的。王辉的学生王成社教授这样总结王辉的“眼力”是如何练就的。

与普通的科研不同，育种工作必须接受来自大自然的考验与挑战。“对育种工作者来说，最重要的是‘眼光’。能不能‘识货’，能不能从众多麦种中找出核心亲本，并配出核心组合，是成败的关键。”王辉将“育种经”凝成一句话。他所说的“眼光”，又从何而来呢？真像人们戏称的那样是“眼看、手摸、牙咬”那么简单吗？

王辉教授与助手李学军在小麦试验田中观察试验情况

练就了一双“火眼金睛”的王辉，搭眼一看，似乎就能看“透”小麦的“前世今生”

王辉扎进土地，开始一步步“攻关”。他每天要对成千上万棵小麦单株进行详细观察，了解每个单株株系的特征特性和长势，分析每个组合的杂交优势。结合想要达到的育种目标，仔细观察关键性状经过杂交组合后有没有出现，谁的表现最好，这些问题他都一一记录下来。

“育种是一个梦想与现实不断斗争磨合、优中选优的过程，不可能一步登天。”王辉说，受客观环境和生物遗传性的制约，育种目标只能在持续的选择过程中一步步实现。

小麦育种研究的工作量大、周期长，单是培育一个小麦品种，往往要经过几千到上万甚至数十万个组合，数百、数千、上万次试验。选育出一个省级审定品种，从设计、选育、繁育到区域试验再到推广，至少得8年。育成一个国家级审定品种，则至少需要10年以上。

“特别是在选配出理想的杂交组合以后，还要进行更为艰难的单株选择和品系比较。”王辉清楚，面对几百个杂交组合和几千份品系材料，如何选定父本、母本，实现优良性状互补，都要对品种、品系广泛筛选，精心组配，耐心观察，“小心伺候”……

绝技之二：破解小麦“生长密码”。

王辉身上，有股子老秦人、老陕才有的“倔强”劲。学校给他配备有台式电脑和笔记本电脑，可他却极少用——因为他执拗地认为，只有一笔一划的记录，才是人脑思辩、提炼的过程。

在同事和学生眼里，王辉这独具的“慧眼”，来自于他经年累月写下的数十个“密码本”。

“他有好多‘密码本’，记录着小麦从种到收每一个环节的情况。”西北农林科技大学农学院副教授张玲丽说。每到田间地头，王辉都带着一个记录本，上面用铅笔条理清晰又密密麻麻地记录着“麦田里的故事”——实际上全是些只有他自己或熟悉他的“内行”才能看得懂的诸如“父本、母本、杂交组合日期、播种期、出苗期、抽穗期、灌浆期、株高、发育快慢、整齐度、千粒重、亩穗数、测产数、实产数”等方方面面小麦育种性状的记录“密码”——一株株育种试验麦苗的“前世今生。”

有一次，王辉的一本最新密码本在试验田中不慎丢失。他发觉后，真像是“丢了魂”，急得像“热锅上的蚂蚁”。在助手和学生的一番共同努力搜寻下，好不容易才从试验小麦“大海”中找到。王辉这才裂开厚厚的嘴唇，笑了。

在王辉的办公室，这样的记录本已堆成厚厚的一摞，足足有三四十本。每个笔记本都有被竖折过无数次的痕迹，封面上都写着他的姓名和电话以及使用时间段。里面密密麻麻地记满了数据和标记等等的“密码”。

有一本的扉页上写着“莫问前途吉凶，但求落幕无悔。”

这是他的座右铭。

是的，在小麦试验田里，他是最朴实的老农，一滴滴汗水滴落进泥土，在四季更替里和麦田融合成一幅幅播种或躬耕或收割的辛勤劳作的画面。在实验室中，他是最专注的科学家。在办公室里，他要对白天麦田间观察到的数据进行回顾、分析和整理，琢磨和思考每个

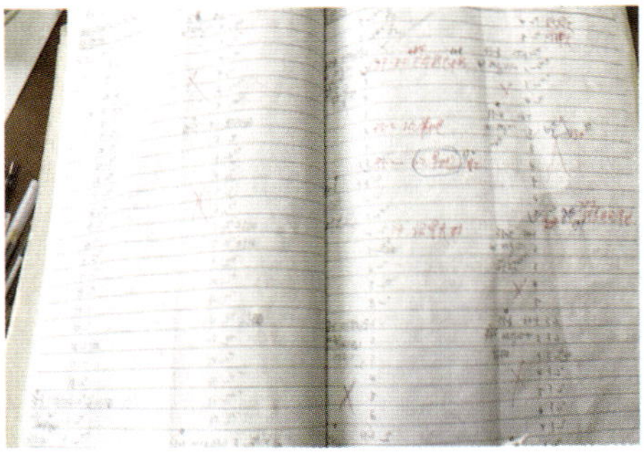

王辉教授的“密码本”

小麦材料的农艺特性，发育快慢等等，一本本笔记本上记录下来的数据都印刻在他脑海里，历历在目。

白天看，晚上总结，在脑子里形成印象，是王辉多年坚持下来的一个习惯。“育种工作如果做不到这点，光靠记到本子上，就不顶事。到最后记录和人是分家的，是两张皮，拢不到一块。”王辉如是说。

“西农979”集高产、抗病、早熟、越冬性强等性状于一体，受到农民欢迎，成为我国冬小麦主播品种，累计在黄淮麦区推广上亿亩。这背后，是王辉扎根黄土地近半个世纪的默默耕耘，是他潜心破解小麦“生长密码”的智慧结晶。

“西农979”麦种，单粒穗重1.3克，1亩地以43万穗计，亩产559公斤。如果将单粒穗重提高到1.6克，每亩以40万穗计，亩产可达640公斤。如果将单粒穗重提高到1.8克呢？每亩以40万穗计，亩产将达720公斤。

在国家小麦改良中心杨凌分中心的办公室里，王辉用计算器计算着

王辉教授雨中调查记载试验数据

他的新梦想——在现有优质高产的基础上，进一步挖掘优质品种的增产潜力。

基于对小麦育种的热爱，也为了真正做到“立地顶天”，王辉在赵洪璋老师的长期濡染与熏陶下，掌握了一整套过硬的小麦育种系列技术绝活。不真正掌握这手绝活，那对育种者而言就纯粹是“扯淡”或“扯蛋”了。这套“绝活”包括对小麦各种性状与遗传间关系的认识、理解与把握，对小麦生长规律与气候、土壤、地力、水分、气温、光照间关系的理解与掌控，对小麦生理特性与光合作用及其杂交选配的独到理解与识别的“眼力”与预测能力，因而王辉“育种经”中的第四句名言是“掌握绝活是关键”。

镜头之一：九月整地，十月播种。

整地时，王辉必然要去地里察看。撒肥料要均匀，旋耕机旋耕深度要达到15厘米，耙耱要平整。如果哪个地方不平整，王辉就拿起耙子耙一耙。即使小小的一个坑，他也会走过去耙平。播种时，谁划行没划直，他会要求重划一遍。小麦试验材料摆放好，王辉要全部检查一遍。一个品种没放好，他瞅一眼就能看出来。跟王辉干了几十年农民工的女工老徐说，别看王辉平时乐呵呵的，但是一旦摆材料出了差错，翻起脸来，比汶川地震的反应都可怕。王辉照着赵洪璋老师的话给她讲，育种是一门科学，是一件很严肃的事情。材料一旦混杂，十年之功就有可能付诸东流。

镜头之二：冬春季田间观察。

冬春季的田间观察，王辉背一个包，包里装一个本、一支笔，边走边看边记录，任何一个细节都不会遗漏。冬天的早晨，沉沉地一觉醒来，麦苗全都看不见，白茫茫一片。老远看见一个“雪人”，蹲在麦田里。走近一看，是王辉。他三刨两刨，刨开后手持着麦苗，头偏来偏去地反复比对着看，再用笔在本子上写一写，写完后又刨一层雪盖住麦苗。麦子起身的

王辉教授在试验田中采集花粉

季节，王辉跑试验地的次数更多了。往往是天不亮就出门，中间也没时间回家。晚上爱人和孩子们都睡熟后他才回家。第二天又早早不见了人影。在试验田里，他一会儿走进去一会儿走出来，一会儿蹲下一会儿站着，笔杆子摇动得更快了。

正是“人间四月天”，天穹湛蓝，几团白云浮在北方的天边，没有遮拦的阳光肆意照射着大地。

在西北农林科技大学北校区一大片小麦试验田里，麦苗如海，绿汪汪地与蓝天白云相映衬。走近细看，一个个麦穗上挂满了乳白的小花序，在阳光下挺立着，像披着绶带接受检阅的仪仗队员。

试验田里，王辉教授和他的助手冯毅博士正在垄行间巡视着、指点着、议论着。他时而躬身抚摸麦株，时而蹲下来仔细查看麦穗，时而在小本上记载着什么。

“现在是小麦株型结构最美的时候，也是育种工作者最期待的小麦抽穗扬花期。”王辉教授介绍，小麦抽穗扬花期是小麦由营养生长完全转化为生殖生长的标志，“是育种工作者作小麦杂交的关键期、黄金期。”按照高产、稳产、多抗、适应性强等育种目标，小麦育种工作者都提前做好了计划。“就是在试验田里看小麦，考察哪些材料适合做父本，哪些适合做母本，然后确定杂交组合方案”。

2016年，由于气温升高，整个黄淮麦区小麦抽穗扬花期较往年提早了近一周，从4月22日开始，王辉教授和他的助手及学生们就在试验田里忙碌起来了，选穗、整穗、去雄、套袋、授粉、挂牌，一个环节都不能少。“今年，我们计划做200多个杂交组合。”冯毅博士说，到今天，大部分的授粉杂交工作都完成了。“你看那些戴着白色杂交袋的麦穗，就是已经做过授粉杂交的。”放眼望去，白色杂交袋散落在麦田里，犹如树起一面

王辉教授（左）与助手冯毅博士在试验田中观察、记载、讨论

面风帆的船，航行在绿海中。

在一处“帆船”较为密集的麦田边，王辉教授和冯毅博士驻足谈论，爱意盈满眉宇。王辉教授说，这是他们很看好的一个杂交组合，但要形成良种至少在10年后了。“估计我等不到出成果的那一天了。”他笑着对冯毅博士说“这就靠你们年轻人了”。

王辉教授指着一片穗头密密麻麻的麦田说，别看现在麦穗瘪瘦，等后面灌浆了就充实饱满了。这一片麦子正是很多年前在扬花期经过授粉杂交而选育出来的新品种“西农585”。区域试验和生产试验均显示，“西农585”较对照品种“小偃22”增产超过了5%，目前这个品种已完成陕西省区域试验程序，今年准备品种报审，“这是继‘西农979’后的一个新的优质强筋品种”。

绝技之三：去雄授粉杂交。

强烈的夕阳下，当时已73岁高龄的王辉教授站在试验田里，长长的身影落在正昂首扬花的麦穗上……

镜头之一：整穗去雄。

整穗去雄，是王辉的拿手“绝活儿”。他拿一把小剪刀，蹲到一株发育良好的麦穗前，拉过麦穗，一边一刀，两下，麦芒全都不见了。再拿把镊子，上部一下，基部一下，无用的小穗就掉下去了。再用左手大拇指和中指捏住麦穗，用食指轻轻压住内、外稃顶部，右手把镊子轻轻插进去，内、外稃的合缝张开后，夹一个出

整穗去雄

来，再夹一个出来，连续清理三次，一朵小麦花的去雄就结束了。

镜头之二：采粉授粉。

采粉授粉，王辉能把握住最佳时机。麦子即将扬花时，王辉总是到地里守着，看到父本麦穗中有1～2朵小花已经开放，他用手把开花的麦穗轻抹2～3次，同时多抹几个麦穗。稍过片刻，就有大量小花的内、外稃张开，露出花药。他赶忙将麦穗弯进光滑纸片叠成的容器中，用镊子轻敲麦穗，将花粉振落在容器里。去雄后第二天上午，王辉先取下母本麦穗上的纸袋，一只手捏住麦穗，另一只手用毛笔蘸取刚刚采集到的父本花粉，自上而下轻轻抹在小麦花的柱头上，授完一侧再授另一侧。

镜头之三：盛夏分类选择。

盛夏分类选择，下地选穗前，王辉会像赵洪璋老师一样，反复强调育种目标的重要性。他说，品种的突破首先是育种目标的突破。育种目标既要适应当前的生产水平，又要促进生产的发展，还要满足农民的需要。当地主栽品种是制定育种目标的基础，育种家要善于找出在当地条件下经常起作用而且作用比较大的性状，作为主要目标。

临时工在他的指导下按照标准去试验田选择，选上的麦穗用红头绳绑住。金黄的麦穗上浮起一层鲜艳的红头绳。临时工选完后，弟子们去选，把不合目标要求的全剪掉。最后王辉

王辉教授（中）与助手和学生在小麦试验田中分类选择

医院病房里关不住的王辉教授（左），在护士（中）陪同下来到他心爱的小麦试验田中与助手一起察看成熟期小麦生长情况

去地里选。他拿一把剪刀，走一步，上下看看，剪掉一根红头绳，再走一步，又剪掉一根红头绳，红头绳落到泛黄的叶子里，格外醒目。王辉继续剪，剪的同时，又让弟子们去绑住自己没有选中的另外一些株株。剪到最后，弟子们的脸色都变了。王辉一看，安慰他们说，没事的，这很正常。哪会有天生的育种专家？都是靠经验累积出来的。当年自己跟赵老师下地，也是如此。后来，他一有时间就往地里跑，蹲在麦田里看麦子，看得久了，觉得每一株麦子都有个性，每一粒麦子都是孩子。他甚至坐在地里，抱着麦子，给麦子说一肚子的心里话。麦子好像也懂他的心思，摇一摇，就摇出了自己的性状特征。于是，他就能凭一双肉眼，看到麦子的品质甚至遗传基因里去似的。

五月底，王辉喜欢顶着日光流连于成片成片的麦田。微风吹过，麦香味儿到处弥漫，深吸一口，满肺腑都是“西农979”的奇特清香。王辉对爱人说，总觉得麦香在自己的身体里上上下下跑，常常迷得他直到日落西山，月亮升起来了，还不想离开。王辉回家晚，爱人起初很生气，说王辉不仅把麦子当成了孩子，还把“西农979”当成了“情人”，跟他时不时地发牢骚。后来，因为心疼他，老跑到地里送饭，渐渐地也爱上了小麦，也理解了王辉对麦子痴迷的独特情感。

镜头之四：七月室内考种。

室内考种时，王辉总是坐在实验室正中间。孙道杰和其他人坐在两边。每人面前摆一个小碟子，底下放着一个大桶。收回的种子装在纸袋里。同一组合的倒进每个人面前的小碟子里，挑出病粒、瘪粒，留下饱满的色泽透明的，剩下的倒掉。弟子们专心致志地挑选，王辉一边看一边讲，时不时地把他们选中的种子拉出来一碟，说这个不能要，顶部没熟到头。又说那个不能要，屁股上有黑胚。这样反复几次几年后，弟子们选的株行、穗行也过关了。

王辉教授在办公室考种

王辉教授正在办公室进行小麦新材料“选秀”

冯毅还说，育种工作者多数都会有自己的偏好和个人风格。一般说来，当看到某个品种时，我们会根据品种性状表现来判定是谁育成的品种。但王辉老师育成的品种类型丰富，从他所育成的12个品种来看，从早熟到中晚熟，从矮秆到半矮秆，从品质一般到优质强筋，没有一种固定模式，这样更容易适应和满足生产上多样化的需要。也才会在生产应用中保证“东方不亮西方亮”，不至于“全军覆没”，给粮食生产和粮食安全带来“灭顶之灾”。

王辉教授在小麦试验田中查看小麦成熟情况

从2000年开始，分子育种开始流行，王辉老师当时已年近6旬，他开始钻研分子育种理论与实验技术。他经常说分子育种和常规育种是相辅相成、互为依存、谁也离不开谁的。

王辉老师还从赵洪璋等老一辈育种家身上学到了特别善于向农民学习的本事。每次去生产第一线考察，王辉老师都会问当地农民对品种的看法和评价，以及他们心目中的理想品种是啥样的？从农民种植户那里掌握第一手的生产需求信息，然后反过来指导育种实践。王辉老师常说的一句话就是“品种好不好，专家说了不算，领导说了也不算，只有农民说了才算”。在品种推广时，王辉老师都会将品种的优缺点以及克服缺点的配套栽培技术，如实告知农户，从不掺假，从不藏着掖着，更不忽悠。

冯毅深有感触地说，从王辉老师身上，我们学到了老一辈科学家朴实无华、严谨细致的科学精神，学到了他们心系民生、勇于担当的家国情怀，学到了他们爱岗敬业、育种育人的崇高风范。

硕士生冯洁说，她“是2015年考入西北农林科技大学的硕士研究生，她的导师是孙道杰副研究员。王辉教授不仅是我们的小麦育种研究中心的组长，还是孙道杰老师的博士生导师。因此，我们经常在办公室、试验地、实验室能与王辉教授见面。在与王辉老师不到一年时间的相处中，深切感受到一个小麦育种家对小麦育种工作的着迷的情怀。王辉教授用父亲般的爱浸润着他的每一寸育种试验地，支撑着几十年如一日的执着和坚守。‘一生做好一件事’是对王辉教授最准确的评价。从青春年华到白发染鬓，他完美地诠释了科学研究中的一个‘守’字，始终执着地守着那片麦田，耐得住寂寞，眼前浮华等等皆不为所动。王老师对工作认真负责的态度，对育种事业不忘初心的热爱，深深地影响着我们每一个人。”

王辉的学生、现已成为博士生导师的王成社教授说：“王老师有多次调去沿海高校工作的机会，他都不为所动。旁人一说调走，他两眼一瞪，‘科学研究有连续性，挪窝要另起炉灶。走啥！’”受王辉的感染，王成社也在留学日本后选择回国。

硕士生冯洁回忆说，2015年9月，她开始了在西北农林科技大学的研究生生涯，并有幸成为王辉老师课题组的一员。在十月进行小麦播种前期，他们不经意间看到一份用铅笔手绘的田间种植规划图，规划图工工整整地将三十多亩试验田按照实验材料种植计划，划分成一个一个种植小区，并标明种植标准、通道、边行的设置等等，冯洁当时心里暗想谁这么认真有才，手绘出这么漂亮的规划图，后来才知道王辉老师年纪大了，电脑用着不方便，所以每年的田间种植试验，都是他亲自手绘的，不禁十分佩服王辉老师科研的严谨与细致。王辉老师说，小麦育种工作实践性很强，不下地根本摸不着，试验地、育种目标、亲本选配、田间选择、生产

王辉教授在小麦试验田中

调查、群众需求等各个环节，来不得半点的马虎，否则就会前功尽弃。所以王辉老师在他的田间记录本上清晰地记录着“从九月初的整地、施肥、划行、分区及布置试验，十月的播种，冬春季的田间观察记载、抗病鉴定及大田管理，初夏的授粉杂交、选择材料，盛夏的分类收获、晾晒，七月的室内考种、室内选择和试验总结，八月的试验安排，再回到九月的整地”的“麦田故事”。痴迷育种的王辉老师既不觉得苦，也不觉得难，反而乐在其中。“选出品种，干出名堂”，扎扎实实的目标，兢兢业业的工作，朴朴实实的作风，严严谨谨的态度，伴随和支撑着王辉老师数十年如一日地躬耕在小麦育种事业上。

冯洁说，田间种植时，王辉老师更是在田间地头忙个不停。我们这些研究生同学，有的没接触过农活，所以刚开始干时，费时又费力，这时王辉老师就会亲自手把手地教我们将每一个种植沟开好，将每一粒种子种好。他告诉我们，种好试验才能获得科学的表型数据。虽然当时王辉老师浓重的陕西口音听不太懂，但却倍感亲切。王辉老师严谨的工作态度，饱满的工作热情，时刻给我们一种能量，赶走疲累。

冯洁介绍说，每年的四到六月是小麦田间调查的关键时期，我们去麦田里统计实验材料的各种性状数据时，总能看到王老师忙碌的身影。田间又热又蒸又晒，燠热难耐，我们这些年轻的研究生有时也吃不消。但当看到已经年过七旬的王辉老师却干劲十足，不免心生惭愧。王老师说，作为一名学农人，就应该深入田间，多和你们的实验材料打交道，了解它们的变化，记录它们的各项指标，这样才能做出成果。育种十年才入门，最忌浮躁，但现在的评价体系有些急功近利，要求两三年出成果。有时十年也不一定能育出一个良种，年轻人即使能耐得住寂寞，也扛不过考核。这种倾向不扭转，育种工作就会后继无人。这番话让我们深深地认识到，不只是育种工作上需要脚踏实地的去做，做任何事情我们都要结合实际踏踏实实地去做，不能急于求成，更不能夸大其词，甚至为了达到预期的结果而走捷径或拔苗助长。所有在常人眼中的艰难困苦，在王辉老师这里都被视为最正常不过。对自己的艰难和不易，他总是淡淡的一句“育种工作就是这样嘛”。淡淡的语气，平实的话语，淡定的神态，一如其人，低调，朴实，坚韧。王辉老师说：“育种是一个追梦的过程，是一个永远没有终点的事业，每天都是一个新的开始，都能看到新的希望。”育种事业需要强大的信念和坚韧才能在这日复一日中不断前进，早出晚归是工作常态，每孕育一个品种背后所要付出的艰辛和需要、承受的失败都是我们很难体会到的。现如今，在各行各业中“守”的精神品质越来越稀缺珍贵，多数人往往为了追求财富的快速增长，走捷径，丢信念，丧失了斗志，而我们都知道这样的方式必定不会长远。静思王辉教授的漫漫育种之路，相信坚持不懈的人生定能“守得云开见月明”。

冯洁不无感慨地说，六月杏黄，正是麦收时节，结束了漫长的田间调查与记载，半年多来的付出与汗水也终于化作了一片片金黄。依然记得那酷热的六月艳阳天下，我们一个个忙着在试验田收获小麦材料，汗水浸透了衣衫，而年迈的王辉老师也和我们一样在田间忙碌。天气炎热，王老师贴心地提醒我们："要戴帽子，注意防晒。"看到没戴帽子的学生，他总会从车子上取出草帽递给他们，并对我们说："你们这些娃儿好多从小也没割过麦，没吃过这份苦，太累了，就去阴凉地里休息会，多喝些水。但是学习小麦育种就是要吃得这份苦，到时候咱们这些不怕吃苦的学农娃，将来走到社会上干什么工作都不怕。"在田间忙碌之余，王辉老师常常把我们这些学生娃叫到地头，招呼我们吃些西瓜解暑，并时常给我们聊起他年轻时的故事。王辉老师说他年轻时，看到我国粮食产量低下，辛勤忙碌的乡亲却吃不饱饭，便抱着"学好农业科技，让乡亲们不再饿肚子"的理想投身农业，如今转眼已经过了五十多个年头，虽然如今老百姓都吃饱了

研究生在西北农林科技大学小麦试验田中

饭，但贫穷的还是农民，因此要做的还有很多。而你们这些学农娃将来要做的就是通过农业科技让农民变得富足，过上更好的生活。听完王辉老师的一番话，不禁觉得西瓜更甜了，干劲也更足了。而眼前这片承载着王辉老师及学农人梦想的麦田在阳光下更美了。

冯洁深有感触地说，有一种信念，叫持久不变。有一种坚守，叫历久弥新。作为新时代的青年人，在看到老一辈追梦者的杰出榜样后，不管我们是何种职业、何种身份，或者取得了何种成就，更不能停下步伐。因为不止育种事业，我们整个时代发展都是没有终点的。只有多一些大地的实践者，少一些格间里的空谈者，以‘守望者’的精神，开拓属于自己的别样人生，共谱一支时代之歌。

王辉的硕士、博士和助手张玲丽说，王辉老师的严谨、严格甚至严厉的另一个表现是对公有财产财物的珍惜、爱护。比如小小的麦穗套袋、小麦植株或一棵棵麦穗上常用的小标签、常用于作标记用长约十厘米的一截红色的毛线等等，王辉老师都不许任何人浪费。在科研费使用上，常常是恨不得一分钱掰成两瓣三瓣花，更不许假公济私。管理公共财物，总是丁是丁，卯是卯，公事公办，从不留什么情面。在这一点上，可以说王辉老师已经“节约成习”了，甚至有人觉得都有点近乎到了“吝啬”的程度。

王辉的助手冯毅博士说，王老师多少年来始终坚守一个共产党人的原则和学术公正、科学正义，坚持公事公办，在科学和学术领域绝不允许有“人情”的成分存在。比如王老师一直担任全国农作物品种审定委员会委员、陕西省农作物品种审定委员会委员小麦组组长，在社会风气不好、行业不正之风盛行的情况下，从没有过什么人情品种审定。就连自己同事申报审定的品种，也一律“一视同仁”，从未有过什么“倾向性”“引导性”的话语或传闻。

王辉和他的小麦育种团队还有一种“赶场”，就是出差到各地去看

留学生在西北农林科技大学小麦试验田中

参加区域试验的麦子或是到小麦产区观摩更大面积的麦子，他们称之为“看麦”。

无论是出长差，还是出短差，他总是说走就走，绝无二话。管什么硬座车、公共汽车，甚至轻骑车、自行车、拖拉机、电动车，只要能到达目的地，都行。

不管出差何地，只要有个地方住下就行。办公室、库房都行。

至于“赶场”中途的饮食，他更是简单得不能再简单，只要是能填饱肚子，不误“赶场”就行。如果着意安排什么饭食，他不仅不感激，还一个劲叮咛、责怪“太浪费”。有时还吃咸菜，住车马店里的“大通铺”。

赶场碰上人家中午休息，因一般都离住所处较远，他便在路边、树下稍事休息，接着赶另一个场。这样一个场一个场的赶下来，有时连年富力强、身强力壮的年轻人都吃不消，更别说像王辉这样的年龄大的了。有好多次，为了赶一个紧接着一个的“场”，王辉真还就累得爬不起来了。

有一年，王辉到某地出差，由于对当地不熟，半夜里糊里糊涂地下错了车，无处投宿，又是严冬时节，他只好坐在一个烤红薯的火炉边等候天亮。第二天天快亮时，当地跑步锻炼的人把他当“叫花子”议论。

不了解内情的人看到、听到这些，也许会以为王辉老师“小气”或“小家子气”。其实完全是个误解。

王辉的助手冯毅说，王辉老师的大气和慷慨在小麦育种界是出了名的。比如无论谁需要育种材料，哪怕是王辉老师刚配置出来的新材料，王辉老师也会毫不犹豫、毫不吝啬地提供，慷慨地与需求者分享。王辉老师对育种界的同行和年轻人更是大力扶持，对学生手把手地指导，将自己大半生的学识和经验毫无保留地传给大家。无论是谁请他去育种试验地指导，他都会尽量满足，而且针对对方的材料特征提出许多毫不保留的宝贵意见。在王辉老师的心里，农业是没有界限的，科学是不分国界的，真正的科学研究是大公无私的，是开放的，是没有课题组和单位界限的。分享科研成果，培育出更多更优秀的育种人才和优良品种，对人民和国家来说，是莫大的幸事。王辉老师经常说，育种不仅是方法和材料的传承，更是一种精神的传递。

这就是王辉，永葆“立地”“顶天”的“种子精神”，以“只争朝夕”的精神状态，一刻也不停息地“向下扎根，向上结果”！

时代在发展，市场在呼唤。

现实是严峻的、冷酷无情的。过去是“酒香不怕巷子深”。在计划经济时代，育种单位较少，一位育种家花费十年八年时间培育出一个好品种，只要是真正的好品种，种植者喜爱，就会通过种植者等等口口相传，不胫而走，“不推自广”，用不着投入多少人力物力乃至宣传费、广告费。

市场经济时代的到来，情况发生了天翻地覆的变化。

市场经济的大势和时代的大潮，早已颠覆了“酒香不怕巷子深”的传统观念，变成了“酒香也怕巷子深”。好不容易花费十年八年心血汗水培育出一个真正的好品种，很可能因为不会宣传、不善推介而不为人知或不为人识更不为人所用，以至被无情的岁月风尘和海量的垃圾信息等埋没。这无异于一种最大的浪费和最大的犯罪。

加之市场经济大潮初起时，泥沙俱下，鱼龙混杂，管理观念和手段跟不上时势的发展与变化，管理漏洞百出又捉襟见肘，“顾了头顾不了腚”，不良不义、见利忘义、利欲熏心或不明就里、懵懂无知的“商人”甚至“科学家”，见品种市场有利可图，一个个、一群群不良“商人”削尖脑袋钻进种子市场“寻情钻眼”乘机“炒种”大发不义之财，加之法制建设的不配套不完备，使得最终上当受骗、倒霉、吃亏的是弱势的根本没有多少科技知识武装、不具备科技“慧眼”、没多少法制观念的老实巴交、憨厚朴实的广大普通老百姓。前多年全国各地假冒伪劣种子“坑

为了顺应市场变化，一贯以“一介农夫”自许的王辉也不得不装扮起来

农”“害民”的案例频发的“血淋淋”的教训实在太多，多到令人目不暇接、触目惊心。也因此污染、损害了整个科技界乃至整个社会和各级政府的形象。

加上许多外国农业企业也都觊觎中国种子市场的巨大利润空间，纷纷抢滩中国种业市场。一时间，沉渣泛起，群魔乱舞，“你方唱罢我登场”。

王辉不愧是小麦育种大师赵洪璋院士濡染、熏陶、引领成长起来的一位敢于担当、善于学习、勤于思考、不断创新的科学家。整个种子市场大捞“黑钱”的乱象，令人触目惊心。看到弱小、可怜、上当受骗、倒霉、吃亏的那些根本没有多少科技知识武装、不具备科技“慧眼”、没多少法制观念、也没有任何抗拒市场巨大风险能力的老实巴交、憨厚朴实的广大普通老百姓凄惨、悲凉、欲哭无泪的状况，他的心头就忍不住在汩汩滴血。有担当、有正义感、有良知的真正的科学家的他觉得不能再沉默、不能再无视、不能再等待、不能再躲避，更不能“坐以待毙”，必须挺身而出，发出科学家的正义呐喊，采取和实施科学家应有的行动，尽最大努力发挥一个科学家

“小麦也是我的娃”——王辉接受电视台采访

必须具有的正气和正能量。他深信一切有正义感的中国人，都会和他一样做抵御歪风邪气的中流砥柱。他坚信邪不压正。只要正气上升，邪气自然会被正气驱散。

可他知道，以他这“兵马俑”式八尺关中大汉，生性倔强，性格内向，寡言少语，不善言辞，实诚厚道，直来直去，不会拐弯，从不愿弯下挺直的腰杆，从不愿低下高昂的头颅，既不察言观色，“看人眼色行事”，又不善通达权变、审时度势，更不喜欢奉迎的倔强脾性，肯定不善经商，也就不大会与商人打交道。可正是因了他的这不服输、不信邪、刚梆硬正的“秦人”倔强个性，他下决心要与商人多打打交道。他只认准了一条，在实践中学习，在行动中成长，在游泳中学会游泳。他相信“敢拼才能赢”，隔岸听潮不如海边试潮，海边试潮不如下海弄潮。

正是这个不用化装、装扮的用现代科技、法律等武器武装起来的现代“兵马俑”式八尺关西大汉科学家王辉，站在中国的黄土地上，手执铜板铁琵，用他嘹亮、高亢、字正腔圆、响遏行云的地地道道的“秦腔”，唱了一曲现代版的农业科学家“大江东去”正气歌!

在学习中王辉发现，早在4 000多年前的神农后稷“教民稼穑，树艺五谷”，走的就是远古农耕时代的一条科技推广之路。

19世纪中叶的1817～1851年间，爱尔兰马铃薯严重减产导致饥荒。当时的克拉伦登伯爵提议建立了一个小型的农业咨询指导机构，设置巡回指导员进行指导，获得了相当明显的成效。这便成为欧洲农业推广的最早开端。

其后在19世纪70年代，人们在早已对农民进行过技术指导及咨询服务的德国和法国，也发现了类似的情况。

从世界范围最近半个多世纪农业科技推广与示范的总体情况中，王辉发现，以农业科学技术为基础的农业推广和农业产业化示范有了很大发

中央电视台采访大病初愈的王辉教授

展。这种发展趋势使得王辉思维的敏感触觉伸展到可以预见的各个方面。

他感到，随着中国市场经济时代的到来和市场经济逐步成熟与完善，农业科技推广与农业产业化示范的内容已经由以往狭窄、单纯的农业技术推广，拓展到生产与生活的所有方面乃至神经末梢。农业推广已日益超出严格意义上农民与农业的范围，进入农村居民以及一般消费者生活的广阔领域。因此，如何立足于“小农”经济为基础的中国农业基本经营体制，建立起有利于农业科技创新、有利于农业科技产业化的新型农业科技创新和推广转化体系及其机制，已成为发展现代农业的一个重大课题，它对于提升中国农业的市场竞争力、增加农民收入、实现农业的可持续发展，具有重要的现实意义和深远的历史意义。

王辉预感到，多年来农业科技创新和推广扩散普及转化体系改革与发展的经验表明，消除不利于农业科学技术创新与推广转化的制度障碍，是一项涉及基本理念、观念、法律制度、组织管理机构体系以及具体管理政策等一系列全方位的综合性改革。特别是在中国加入WTO以后，还要受到国际规则的制约。因此，深化农业科技创新与推广转化体系的改革，难以从农业体系内部自身改革中得以实现，它向现有的法律环境、行政体制、政策制定机制以及传统观念等提出了一系列挑战。

王辉还想到，首先必须是国家农业科学技术创新与推广转化体系建设达成共同理念，也就是中国农业科学技术创新与推广转化及农业产业化示范体系的建设，不能放弃公共农业科学技术创新与推广转化及农业产业化示范体系的主导地位。这是由农业食品消费的全社会性，农业科学技术的公共物品属性、农产品对于低收入阶层的特殊重要性、中国进入实行工业反哺农业、城市支持农村的特殊发展时期等多种特殊性共同决定的。在中国这样一个小农经营、兼业化为主的农业生产经营体制下，农民收入水平偏低、城乡差距在迅速拉大、农村集中了大量的贫困人口、农业劳动者素质普遍不高的现实情况，以及新技术带给小农户可以忽略不计的个人收益与巨大的社会效益之间的长期矛盾，要求包括农业科学家在内的社会“公知”层必须坚持国家公共科研创新与推广及农业产业化示范体系的主导地位，这也十分符合WTO农业支持政策的规则。同时，引导和推动企业成为农业科技创新主体，大力扶持农民合作组织的发展，鼓励民间组织等社会力量积极介入，才能形成合力，共同促进农业科学技术有效供给与有效需求的结合，让农业科技及农业产业化示范惠及农村广大小生产者，促进农村和谐社会的建设。

籽种是农业生产的基本生产资料，是保证作物产量和质量的根本内因。控制了种子，就掌握了现代农业竞争的主动权。未来农业的竞争，已经变成了种业的竞争。发展种业，关系到国家粮食安全，关系到国家政治经济利益。

到了90年代，当美国经济学家布朗向世界发问“21世纪谁来养活中国”时，以“杂交水稻之父”袁隆平为代表的中国科学家用一粒粒种子给出了答案。他们说“依靠科技进步就能养活中国”！

面临国际种业竞争和农业结构战略性调整，新世纪的籽种隐忧也在呼唤着王辉这个有正义感、责任感和有担当精神的关西大汉科学家。自然资源短缺的压力和科技资源丰富、广大农民兄弟强烈呼唤的动力，决定了他必须放手一搏。

然而，从事了近半个世纪优良种子培育的王辉十分清楚，中国农业虽然历史悠久，籽种业的底子却并不厚实。我国种子年销售额为200亿～300亿元，约占全球种子销售额的11%，产业规模居世界第二，但种子商品化率只有30%～40%，与70%的世界平均种子商品化率相距甚远。以美国为例，近70年来，美国的玉米产量增长了6倍，大豆产量增长了3倍多，其中一半以上的增长源于育种者对品种进行的改造。其商业籽种规模居世界第一，种子的商品率超过90%。如果没有强大、自主的种业，任何国家的农业都将处于被动局面。为保障基本粮食供应，各国一直都很重视控制种子这一战略资源。美国先锋种子公司和孟山都种子公司的市场份额占到美国市场的2/3。欧洲玉米种子市场的80%由世界6大种子公司占有。

国外先进的大型收获机械，是改善和改进中国农业、农村和农民现状的未来发展方向，也是王辉的梦想之一

王辉更清楚，我国的种业集中度远低于发达国家。2015年，国内前50强企业的市场占有率是35%，而2014年全球前四大种子企业的市占率是49%，差距也很明显。2011年，在种业被确定为国家战略核心产业后，相关政策才在科研体制管理、品种审定管理、促进事企合作、金融支持等多个方面发力，以支持大企业发展。

王辉当然知道，从现代农业产前、产中、产后的产业化链条来分析，籽种对农业产业增长的贡献率达到了30%～40%，在现代农业中发挥首要的引领与基础作用。我国目前有7 600多家种子企业，但种子繁育销一体化经营区域覆盖全国的只有100余家，具有一定研发能力的就更少。我国每年通过国家审定的品种约150个，省级审定品种近千个，其中90%以上由科教机构完成。直到目前，我国种业企业布局分散、数量多、规模小，研发投入在比例和数量上都远低于国际企业。毋庸置疑，科教机构是当前我国育种研究的主要力量，但每年推出的成百上千个新品种中，在市场上真正有竞争力的并不多。其原因就是新品种培育研究中成果导向大于市场引导。每个育种者依靠个人的观察、喜好和田间试验，从头干到尾，形成了“小而散，各立山头，单兵作战”的育种组织模式，且断层明显。尽管有关管理部门一再动员号召科技人员联合作战，但科技项目申请与管理考核，成果评介与奖励，科技人员职称评定等政策导向，仍然沿用“老一套”办法，“小而散，各立山头，单兵作战”的育种组织模式一直没有多少改变。科技科研与生产对接不好，选育出的新品种无法快速进入市场进而产生经济效益。因此，探索促进育种创新能力可持续发展的新机制，建立育种产学研结合的新模式，是顺应世界种业技术创新趋势、快速提高我国种业科技竞争力的必然选择。中国的现实，强力呼唤以新机制培育新良种。

王辉也清楚地看到，现代生物技术广泛加盟农业育种领域，农业生物技术快速发展，大大缩短了育种周期、降低了育种风险，但其中也有以假

国外小麦机械化收获情形

乱真，鱼龙混杂，“信息爆炸”带来的新名词、新概念大战，新手段、新方法的光怪陆离，连本行的科学家都难辨真伪，外行的科学家则不敢发声，使致富心切科技文化知识有限的普通农民兄弟眼花缭乱，难辨真假，也好坏难料。更别说打着“高科技”“洋技术”“新技术”的幌子，披着科学家的外衣，实则纯粹为了敛财不择手段、专门“忽悠”没有多少防范能力和承受能力柔弱可欺的农民兄弟的假科技、假科学家花样不断翻新的种种“挂羊头卖狗肉”伎俩了。

作为一位有远见的科学家，综合半个世纪的品种选育经历与经验，王辉认识到，必须打造有竞争力的中国种业“航母”，才能保障中国种业的自主权。面对跨国公司科技、资本的强势竞争压力，不少中国种业企业也意识到单靠从科研机构转让品种，已不能持续保持市场竞争能力，纷纷加入自主选育新品种的行列。然而，相对较少的研发投入，使我国种业企业不能像跨国公司一样从育种技术、种质创新等基础研究开始。快速大量获得育种材料，成为我国种业企业当前最急迫的需求。

学习、思考、实践中王辉深切地感受到，实现农业科技创新和推广及农业产业化示范体系改革程序的制度化，主管部门、各级人民政府和法制部门不可能永远“闭目塞听”“无为”“坐视”下去，中国近年来农业科技推广体系改革的曲折道路表明，国家对于农业科技创新和推广及农业产业化示范体系改革的政策制定正在现行相关法律框架内进行，一切改革应当是通过制度化的程序，而非政府此一时、彼一时的政策来推进，否则就无法达到改革的目标。中国自20世纪50年代后，先后由国家颁布过一系列种子工作的规定，1992年通过的《中华人民共和国种子法条例草案》及随后多次修订颁布的《中华人民共和国种子法》，更是中国种子市场走向制度化、规范化的重要标志。

王辉当然也意识到，农业科技创新与推广及农业产业化示范体制的改革，必须与现行政府行政管理体制的改革结合起来。他深知农业科技研究和推广体系的改革，日益依赖于国家建立起适应现代农业发展需要的新的综合性的行政管理体制。只有摆脱对行政区划体制下政府管理体制的依附性，按照农业区划、区域农产品、产业链建立国家农业科技创新体系，现代农业科技研究和推广体系的改革设想才会成为现实。否则只能是停留在组织形式上。

随着农村经济制度的改革与完善，王辉感到，在农业科技研究和科技推广及农业产业化示范体系建设中，应当充分发挥农民合作组织

的特殊作用。由于农民合作组织代表农民利益，其组织成员是新技术、新品种的使用者，这一特殊身份，决定了其在保护、增进农民利益方面，在推广使用新品种、新技术、新机具，改善农村信息条件、开展农技培训、促进农村金融市场改革等方面，具有其他组织形式难以替代的作用。特别是对于市场适用范围小、技术专用性较强的农业实用技术开发，农民合作组织更是一支不能忽视的力量。

王辉深切地期望，政府部门不再缺席、缺位，不断加强对农业科技企业的市场监管力度，促进公共科研部门与私人科技企业的合作。王辉当然知道，农业新品种、新技术、新机具的特殊社会属性，在目前中国市场经济机制不健全的条件下，政府应当加强对农业科技推广企业的市场监管力度。包括科技企业资质认证、新品种、新技术、新机具的评审、鉴定和公告，推广行为的监督，提高技术信息和市场信息的透明度，教育和帮助农民增强风险意识和辨识能力，防止损害农民利益行为的发生。

国际经验表明，最有活力的科技创新体系，是私人和公共部门之间的联合与协作。政府公共的农业科技投资分配应当更多地引入市场机制，通过招标竞争而不是行政分配的手段，努力营造一个公平竞争的环境，以促进民营科技企业及农业产业化示范企业的迅速崛起。此外，在主要依靠国

王辉教授向参加河南小麦良种现场观摩的与会代表介绍小麦良种“西农979”选育情况

内力量提供农业科技供给的同时，应当高度重视积极引进国外农业科技成果，以便优化科研资源的合理配置，提高科技投入的产出效率，提高农业科技及农业产业化示范的覆盖面和纵深覆盖度。

王辉充分意识到，只有长短结合，全社会动员，才能保障农业产业化及其示范引领的连续性、持续性、高新性、适用性和高效性。农业产业化及其示范必须把现代化农业远景示范与当前农民增收、农业增产和农村社会和谐、城乡科学发展共同进步等多个方面的因素统一起来，通盘规划和建设，既要防止短视或过于落后化行为，也要防止过于理想化、过于超前化，使得农业产业化示范起不到真正的示范作用。

王辉欣喜地看到，近二三十年间，中国正在加快建立和完善社会主义市场经济体制，农业科技推广体系及农业产业化示范建设，也在积极适应这一要求。当然，在市场经济形式下，如何建立一个高效的农业科技推广体系，是一个迫切需要解决的问题。他觉得自己有责任、有能力以科技创新、科技推广服务、产业化示范、国际合作为起点，在加快推动传统农业向现代农业转变过程出一份力，发一份光。

王辉觉得，与其望洋兴叹、束手就擒、坐以待毙，不如放手一搏，拼个“你死我活”。说不定还真能“杀出一条血路来”。即使摔打得遍体鳞伤，甚至粉身碎骨，那又何妨？“失败是成功之母”嘛，何况没实践怎么知道自己必然会失败？世界上恐怕自古以来都没有不经过失败而获得成功的先例吧。大不了来他个“屡败屡战”。更何况即使真的“屡战屡败”，最起码还有警示意义吧！

王辉相信：“两兵相遇强者胜，两强相遇勇者胜，两勇相遇智者胜，两智相遇韧者胜。”勇敢无畏的英雄气概在任何时代任何情况下都不会过

王辉教授在小麦育种试验田中介绍小麦生长情况

时。勇敢的义举和勇敢地面对，永远是人性中的崇高、正义之美。在现代市场经济的博弈中，总会遇到来自方方面面的挑战。无论你是生意人，还是搞技术开发的，无论你是企业家，还是普通人，无论你是团体作战，还是单兵较量，谁勇于迎接挑战，敢“啃硬骨头”，会“啃硬骨头”，谁往往就会抢得先机。先机往往是走向成功的第一步。

这就是王辉更相信更崇尚的“实践出真知”。他知道，是骡子是马，拉出来溜溜才能知道。

作为具有现代科技武装的具备知识、智慧与足够“自知之明”理性的王辉，作出这个“以身试海”“搏击市场”的大胆决定时，他是有足够的心理准备的。他看过几则这方面的小故事。

王辉教授在小麦试验苗期向学生讲授育种知识

其中一则小故事说，把一张纸连续折叠64次，会有多厚多高？你可以充分展开你的想象力。有一个人那么高吗？有10层楼那么高吗？有迪拜塔那么高吗？你也许认为不可能有那么高。那么实际会有多高呢？

有人计算了一下：2^{64}=18 446 744 073 709 551 616。

复印纸一包500张，厚度5厘米左右，即：

一张纸的厚度为5厘米/500=0.01厘米=0.0001米。

那么18 446 744 073 709 551 616张纸的厚度就是：

1 844 674 407 370 955.161 6米，即1 844 674 407 370.955 161 6千米，约等于18 447亿千米。我们知道，地球距太阳的距离不过1.5亿千米，上面的数字却为18 447亿千米，是地球到太阳距离的12 000多倍。

另一则小故事是说，拿一张象棋的棋盘，看到上面总共有64个方格。你给第1个方格放1粒小麦，给第2个方格放2粒小麦，给第3个方格放4粒小麦，给第4个方格放8粒小麦，……给最后一个方格放2^{63}粒小麦，那么总共需要多少小麦呢？一麻袋小麦够了吧？一卡车小麦够吗？拉满一列火车的小麦够吗？也许你认为早就够了。那么实际上需要多少粒小麦呢？应是（$2^{63}-1$）粒小麦。

有人计算了一下，总共的小麦粒数为：

18 446 744 073 709 551 615粒若按每粒小麦约为41.9毫克计算。

得出的总重量为：

18 446 744 072 709 551 615×41.9

=772 918 576 688 430 212 668.5毫克

=772 918 576 688吨=7 729亿吨。

2011年全球小麦总产量是6.535亿吨，7 729亿吨是全世界一年小麦总产量的1 000多倍！

王辉看到的还有，人能记住多少个无规律的数字？对于多数人来说，要记住别人11位的手机号码都不容易。只能用笔记录或保存在自己的手机里。但实际上人的记忆潜力非常巨大。2005年，就在王辉所在的西北农林科技大学，一个名叫吕超的大学生用24小时零4分钟，连续无差错地将圆周率（3.141 592 6……）背诵到小数点后第67 890位，创造了新的世界吉尼斯纪录，获得吉尼斯世界纪录证书。2011年，他在西北农林科技大学完成了学士、硕士、博士连续10年的学习，离开学校参加工作……

王辉清楚，我们经常鼓励人们大胆想象，大胆创新，但我们的想象力依然远远不够。

真正踏入种子市场后，实践也使王辉着着实实大大地吃了一惊又一惊——真正的现实中的中国种业市场，远远超乎他此前的所有真实了解和大胆想象太多太多！以至令他至今回想起来都有些连连“后怕”。

在种业市场风浪搏击中，王辉首先碰到的是激烈得超乎想象的“血淋淋”的市场“搏杀”“血拼”式的竞争。中国的，外国的，国营的，个体的，独资的，合资的，团体的，单兵的，内行的，外行的，深思熟

王辉教授带领的小麦良种选育团队试验田一角

虑的，怀揣侥幸的，精心准备的，大胆妄为的，懵懂无知的，铤而走险的，亦步亦趋的，一味忽悠的，财大气粗“一掷千金”的，小本买卖“谨小慎微”的……一个个无不使出浑身解数，直杀得“天昏地暗”“血流成河”“尸骨如山”……有赚了个满盆满钵的，有颗粒无收血本无归的，有喜滋滋手舞足蹈的，有喝药上吊跳楼杀人的，有暗暗窃喜谋划再战的，有见好就收另起炉灶的，有东山再起卷土重来的，有哀叹连连自认倒霉的，有心有余悸不敢再战的，有心有不甘恋恋不舍的……

王辉知道，许多育种者之所以“大奖一获，束之高阁”，有的是因为育种者看到了品种走进市场难，与企业打交道难。当然种子企业也有许多自己的难。有的则是育种者的育种目的不在于推广，不在于为生产实际和广大农民服务，只是为了写论文、出版著作，为了报奖，为了晋升职称。有的品种其实可能没多大推广价值，育种者自己底气不足且还有点“自知之明”，因而早早“主动放弃”了……这真是天大的悖论、天大的笑话，也是育种人天大的悲哀！一方面是广大农民天天期盼好种子，种子企业也同样天天期盼好种子；一方面是好种子推广不出去，“藏在深闺人不识”。

育出一个好品种本来就很难，更难的是如何把一个好品种转化为现实中的生产力。赵洪璋老师的话，不时在他耳边回响。

他不愿让自己辛辛苦苦培育的好种子束之高阁、藏在深闺，他要让自己的好种子为农业生产、为农民兄弟服务，在经济社会建设中发挥作用。

为了让良种真正进入市场，走入生产领域，1991年，王辉的第一个小麦品种“84G6”诞生后，他曾背上自己培育的这个小麦良种种子，挤汽车赶火车，西走宝鸡，东赴渭南，找当地的种子站、种子公司推介自己的麦种。但效果并不理想。有时在一个县里苦等一上午，最终得到的却是“不合作、不接受”的回复。

这些，无异于“当头一棒”“兜头冷水”式的“杀威棒”和“下马威”，使王辉不得不更加冷静、客观、理性地对待自己的这一“搏击市场”的“生死抉择”。

可时代明明在呼唤，广大农民兄弟明明在呼唤，年龄也不饶人——自己的人生也已过了大半，时代等不起，广大农民兄弟等不起，自己也等不起。一股“此时不搏更待何时”“人生能有几回搏”“当今之世，舍我其谁”的豪气、英雄气充溢浑身上下。他义无反顾地决定，继续以“泰山石敢当”的英雄气概“一试身手”。

这时，另一只“拦路虎”横亘在他的面前，躲不过，绕不过，必须面对并一定得“战而胜之”，这就是常规育种与非常规育种的拼搏与对垒。

王辉培育小麦优良品种，用的是经典遗传学理论与方法，搞的是常规育种。只要是用他的种子，就可以无数次地反复播种、反复收获、反复繁育。这一点，无法防止民间本来就大量存在的这种周而复始式的“种子循环”，经营种子的人——无论是企业还是个人都无法掌控，因而也就无从真正获得应得的利益和利润。所以经过好几轮种子业的大混战、大搏杀，

把小麦试验田当治疗病房的王辉教授

使中国的种子企业家和企业乃至个人也越来越精明，“清一色”地都喜欢经营已经实现了“三系配套”的“杂种化”的种子，因为这种种子必须年年购买才能播种和收获，播种后产出的籽粒是不育的，也就是只能用作粮食或加工原料，用这种只能作粮食的籽粒作种子第二年播种，不会长出任何作物苗来，有了这一条，企业或个人就容易控制，只要抓好种子制种这一个中心环节，就不用担心任何人的复制和“偷”——因为偷窃者偷不走最核心的技术！所以像杂交水稻、杂交玉米、杂交大豆、杂交油菜等等，是绝大多数种子企业当时经营的最爱。因为对企业而言，利益与利润有了最基本的保障。

王辉采用常规育种方法育成的优良品种，无法满足企业家的这一要求。

可苍天不负有心人。

决定在中国种业市场上“放手一搏”的王辉，至今仍十分感激最初大力支持他的河南省著名种子企业金粒种业公司的总经理黑更全。

那是2004年，西北农林科技大学推广新模式的出台，给王辉大面积推广小麦新品种打开了思路，带来了机遇。

王辉搏击市场风浪伊始，遭遇几番冷遇、冷脸之后，有幸结交了黑更全这位有眼光、有远见、有担当、有魄力也非常有能力的真正的种子企业家。

王辉此时才领会到“莫愁前路无知己”“不怕货比货，唯求识货人”的含义与“知遇”之后的喜悦与感激。

这一年，河南金粒种业有限公司成为“西农979”在河南省的代理推广商。在河南金粒种业的推动下，“西农979”在黄淮麦区迅速得到大面积种植。

2005年，“西农979”经过一路过关斩将，最终通过国家级品种审定，从而无可争议地成为王辉拓展他良种事业版图的首选品种。

成立于2002年7月1日的河南金粒种业有限公司，是河南省粮食系统成立的首家种子企业，也是河南省高新技术企业和种子诚信企业，隶属于河南豫粮集团，主要从事农作物新品种选育、生产和销售，农业技术开发与推广，小麦基地建设及小麦优良品种的推广等。

河南金粒种业有限公司

王辉说，黑更全总经理虽然不是学农学出身，但他热爱种子产业，既有很强的家国情怀、历史使命感和责任担当意识，又有远大的眼光和很强的企业管理及协调平衡能力，尤其是善于处理与同行企业间复杂而又异常微妙的关系，又聘请很有水平的河南省农业科学院宋洪涛研究员作技术总顾问，搭建起一个坚强有力的技术班子，加上该企业多年精心建立起来的完善的营销网络，是典型的“强强联手”。所以他们敢于打出“金粒种子，粒粒生金”的响亮口号并扎实、认真地做好每件事，从而由小变大，由弱变强。

王辉说，就拿“西农979”小麦品种推广来说，起初我想先从陕西做起，再逐步走向中原乃至全国。这当然有一份“陕西人的乡土情怀”在其中。但一来陕西的小麦总种植面积小，而且种子企业成熟度不够，竞争力较弱，更要命的是辛辛苦苦跑了多少次，却没有一家企业敢于第一个经营常规育种手段育成的品种、吃这“第一只螃蟹”。

黑更全总经理和他率领的金粒种业则完全不同。黑更全总经理非同一般的洞察力、魄力和高超、大气的企业经营管理能力，加上他的吃苦精

王辉教授在河南驻马店市优质小麦订单推介会上介绍“西农979”小麦品种

神，敢于、善于吃这“第一只螃蟹”的“敢为天下先的”开拓精神，给全国的种子企业带了个好头，也给育种家和农业科技教育工作者们上了一堂生动鲜活的企业营销课，打破了我国种子市场长期形成的“壁垒”，因而也赢得了市场，获得了应有的商业回报。

王辉举例说，逐利是企业的天然本分和本能，无可厚非。可黑更全总经理和他率领的金粒种业则不完全把逐利作为企业的眼前的第一原则，而是同时兼顾种子业的社会责任担当、公共利益性质和广大种植农户的贫弱现状等更长久更深远的利益。有一年因“倒春寒”，霜打后，“西农979”结实率降低。当时金粒种业邀请王辉、商鸿生、宋洪涛等专家专程去当地察看，了解到是由于种植户未能完全按品种介绍材料上提出的播种要求操作，早种了7天，使得小麦苗期生长过早过旺又遭受“倒春寒”袭击造成的。当时王辉和同去察看的专家们看到，就在这家种植“西农979”连畔的一家，同样种植的是“西农979”，结实率就表现得非常好。一问，正好比结实率低的那家晚种了7天。按说，这次事故，金粒种业没有太大责任。但黑更全总经理考虑到这次事故受损种植户数量较大，也暴露出金粒种业种植指导做得不是十分到位，因而最终还是决定按原定承诺予以赔偿。这个县这一年共赔偿了10多万元。

由此，这个县的农民实实在在地看到了金粒种业的诚信与担当，声誉大增，种植户种植金粒种业种子的积极性持续上升。由这一良好声誉带来的利好，使得金粒种业的生意更加火爆。

王辉说，仅这一点，对金粒种业来说，这种声誉，这种效果，绝不是十万元二十万元能够换来的。

由此，王辉在数年市场搏击中，成功探索出一个“育种专家+种业集团”的种子推广与转化模式，实现了常规品种在种子市场“杀出一条血路来”的“市场突围”，打了一个漂亮的“翻身仗”。

了解到这些，笔者又禁不住写下一首“歪诗”记述王辉教授的“搏击市场”的拼搏精神：“时代风起浪汹涌，人心思富齐奋争。老陕半百学游泳，敢搏风浪亦英雄。”

种子企业对“西农979”赞不绝口

这期间，陕西的种子企业也成长起来了。

通过考察，王辉瞄上了杨凌新西北这个在陕西甚至整个西北地区数得着的种子企业。他觉得杨凌新西北公司总经理郑敏生是个有胆识、有头脑、有办法、有开拓精神、有超前眼光、能吃苦的种子企业家。遂决定将“西农979”陕西区域种子生产经营权授予杨凌示范区入区企业——杨凌新西北种业有限公司。

杨凌新西北种业有限公司总经理郑敏生说，对于这个合作，他开始也犹豫过，是王辉对事业的执著和热爱打动了他。

一次陕西省小麦观摩会后，郑敏生想找王辉问些事，一问才得知开完会王辉回杨凌了。郑敏生立即追到杨凌，最后在试验地里看到了正在工作中的王辉。郑敏生不忍心打扰王辉的工作，从下午6时一直等到晚上8点多。当王辉忙完试验地里的事走回办公室上楼时，郑敏生看到疲劳不堪的王辉一手扶着楼梯扶手，一手按着膝盖，缓缓走上二楼。郑敏生当时看着都想掉泪，心想，哪有这样干事业不要命的人呀？这样的专家育出的品种

王辉教授向群众介绍小麦新品种“西农20”

肯定值得信赖。加之受河南金粒推广“西农979”获得成功的启示，郑敏生决定与王辉合作，在陕西推广“西农979”，头一年就投入宣传广告费10多万元。

2007年，杨凌新西北种业公司在兴平来祁寨村帮助村民示范种植的近千亩“西农979”被陕西西瑞面粉集团全部收购，从而拉开了陕西首个优质小麦品种产业化的大幕，售价高于市场普通小麦5%的价格，让农民得到了实惠。农民高兴地说：“种了大半辈子小麦，今天着实卖了个好价钱……”

“这话听了比喝蜜都甜。”王辉说。

“西农979，谁种谁富有”的口头禅，由此也在陕西乃至西北广为传播。

杨凌小麦文化节近年来异常火爆

具有抗病、抗寒、抗倒、早熟、优质强筋高产的“西农979”小麦新品种在陕西的大面积推广，不仅结束了陕西面粉加工企业完全依赖外省调进优质强筋小麦的历史，使陕西省“西农979”订单农业真正优质优价进入实施阶段，同时开创了小麦良种推广的崭新模式。

2010年，河南部分麦区出现赤霉病，而王辉历经10多年选育的“西农979”品种仍获得丰收，在当地农民中又赢得了“冻不死的979”的良好口碑。

2015年，“西农979”在关中地区播种面积超过400万亩。

在西北农林科技大学支持下，“育种专家+种业集团”的推广模式，让良种真正进入了市场，走入了生产领域。此后，陕西其他小麦品种也纷纷仿效这一模式，走出了关中，走入了黄淮。

河南金粒种业公司推广“西农979”“育种专家+种业集团推广转化模式”获得成功的信息不胫而走，使得很多种子企业想尽一切办法“一窝蜂”“一哄而上”地种植推广“西农979”，影响了杨凌新西北的利益，杨凌新西北公司不得已将省内外好多同类企业告上了法庭，得罪了众多的种子企业同行的同时，不但未能更好地推进“西农979”的推广，反倒更加影响、阻碍了“西农979”在陕西的推广进程和企业效益。

为了帮助杨凌新西北种业公司成长壮大，王辉同在河南合作推广“西农979”一样，一如既往地与杨凌新西北这家正在成长的企业一起，奔波在陕西各市县的观摩活动中，配合杨凌新西北种业公司做了大量工作。加上他循循善诱的劝导，杨凌新西北种业公司郑敏生总经理也在总结、反思、进步、成长、成熟，随后与陕西等地相关同行的关系，也越来越和谐、融洽了。

成立于2003年的陕西杨凌伟隆农业科技有限公司，是一家集科研、生产、经营为一体的“育繁推一体化”种业公司。在与王辉合作之前，重点开发推广玉米、油菜、辣椒等农作物良种，是陕西一家后起的实力较强、影响较好的种子企业。王辉与伟隆公司合作，继续走“育种专家+种业集团”推广转化模式，伟隆公司也开始介入常规小麦新品种繁育推广，在陕西、甘肃、内蒙古等地建立了稳定的种子繁殖加工基地，以“杨凌伟隆，一心为农”为宗旨，依托杨凌示范区各大专院校科研院所强大的农业科技

河南滑丰种业公司总经理赵秀珍（右）在公司展厅向河南省科技厅领导作介绍

王辉教授（中）在陕西杨凌伟隆种业科技公司与公司总经理徐永林等讨论小麦选育

创新实力，依靠先进的管理理念，高素质的人才队伍，一流的技术服务，可靠的商业信誉，丰富的种质资源，优良的种子质量，开拓市场，打造知名品牌，并在陕西临潼、岐山、扶风、渭南、凤翔、眉县、宜君、富县、洛川、富平、兴平和杨凌等地设有十二个分公司。

陕西杨凌伟隆农业科技有限公司董事长徐永林，也是一位“杨凌人”，兼任杨凌示范区种子苗木协会会长、陕西省种子产业科技创新联盟理事长。

2015年，王辉以72岁高龄退休后，被陕西杨凌伟隆农业科技有限公司聘请为技术顾问。

与王辉合作继续推行“育种专家+种业集团推广转化模式”的，还有河南滑丰种业公司、安徽隆平高科种业有限公司。

河南滑丰种业公司，董事长总经理是一位女将，名叫赵秀珍，是一位“女强人”式的“有故事”的种子企业家。

河南滑丰种业2017年获得了王辉教授“西农20”小麦品种繁殖推广授权。

我国是世界上最大的小麦生产国和消费国，由于消费结构的不断升级，小麦在结构性过剩的同时，也出现了结构性的短缺，这主要是因为国内种植的优质小麦较少所致。王辉选育的“西农20”是继“西农979”后有望大面积推广的另一个优质小麦新品种，属半冬性多穗型小麦新品种，株型紧凑，分蘖率强，成穗率高，株高73.8厘米，茎秆较硬，弹性好，抗倒性好，中抗条锈病、叶锈病、白粉病等多种病害，抗干热风能力强，落黄好，田间综合抗性好，旗叶较小，上冲，抽穗早，穗长方形，子粒卵圆形，角质，饱满度好，千粒重46.1克，品质为优质强筋。一般亩产量在550～650公斤。其品质与加拿大硬质红春麦相当。

据了解，加拿大是全球第三大小麦出口国，其硬质红春麦品质好，适宜加工高档面包，是我国小麦进口的主要对象之一。“西农20”于2015年通过陕西省审定，是王辉教授带领团队培育的又一个高产优质小麦新品种，平均亩产超过普通小麦15%，各项品质指标都达到国家一级强筋麦要求，蛋白质含量更是高达16.97%，高出普通小麦3%，既可作高档面包专用粉，还可作优质面条和饺子专用粉。王辉教授说：“大规模推广后，咱们国家小麦就不一定从国外进口了，自己产的小麦就够用了。”

此外还有“西农585”，与“西农20”不相上下。

种业上市公司在种子行业中发挥着“领头羊”的作用。安徽隆平高科种业有限公司就是一家这样的“带头型”企业。该公司是一家以世界著名科学家“杂交水稻之父”、中国工程院院士袁隆平的名字命名的一家上市公司——袁隆平农业高科技股份有限公司投资控股的高科技种业公司，是中国种业骨干企业、农业产业化国家重点龙头企业、国家科技创新型星火

王辉教授在“西农979”优质小麦育种推广项目实施区标牌前

龙头企业，成立于2002年5月，主要从事水稻、玉米、小麦、棉花四大农作物集科研、生产、销售为一体的现代专业化种子企业，在疆、川、豫、冀、鲁、吉、徽和西北等地建有5个分公司和4个销售中心。销售区域覆盖安徽、湖北、湖南、江苏、江西、贵州、四川、陕西、山东、河南、河北、吉林、黑龙江、辽宁、新疆、内蒙古等农作物主产区。

1968年出生的安徽隆平高科种业公司总经理张秀宽，曾任安徽省利辛县新张集乡农技站副站长、合肥市种子公司门市部主任、合肥市种子公司粮油种子部经理、合肥丰乐种业股份有限公司部门经理、总经理助理、副总经理。他是一位懂行的内行型种子企业职业经理人。

受河南金粒种业的启发，张秀宽总经理也把目光投向小麦常规品种，与王辉合作，开展“育种专家+种业集团”推广转化模式的探索，致力于繁育、推广常规小麦优良品种，决心以“良种服务农业，价值奉献社会”，为发展农业、繁荣农村、富裕农民挥洒汗水，不断播下孕育丰收的希望。

为了把安徽隆平高科种业做强做大，已与杨凌伟隆公司洽谈，拟并购杨凌伟隆公司。

安徽隆平高科种业已将“触角”伸向西北，伸向小麦育种领域。并拟在此建立以企业为主的小麦研究所。

这标志着中国种业的探索之路仍在延续。

王辉坚守着自己育得金种慰苍生的人生梦想，扎根于育种麦田，把育种故事写在泥土中，把研究论文写在大地上，把心血智慧写在黄淮海大地金色的麦浪上，把一片家国情怀和对亿万农民兄弟的浓浓深情写在千家万户的饭碗里，写进他们的朗朗欢声笑语中……读王辉的育种经历，就是读一部平凡中创造辉煌的“大器晚成”的传奇。

说王辉“大器晚成”，也说明了他的“博纳约取，厚积薄发”的高

王辉教授在小麦试验田中

调做事与低调做人。这也正是他用现代科学武装起来的理性与悟性的重要体现。

在50多年的小麦育种生涯中，王辉始终扎根中国北方的广袤大地，执著守望着自己痴迷的麦田，每天泡在试验田里，精心做着小麦杂交育种工作。一年又一年的岁月就在这忙忙碌碌、辛辛苦苦中飞逝，日复一日，月复一月，年复一年。

这一个个年轮的周而复始，就是五十个轮回！

万事开头难。

开始育种时，王辉没经费、没设备、没人手，就他“光杆司令”一个。他常常从自己的工资里抠出钱来买试验用品，四处赊欠也是家常便饭。那时，王辉的爱人经常对他发牢骚“人家干公差是往家里挣钱，你倒好，不往家里挣不说，贴上‘面子’不算，还得不断‘贴里子’”。工具、设备通常是从家里“顺手牵羊”或者自己动手制做，或从别人那里“刘备借荆州——只借不还”。人手不够，就老婆、孩子、亲戚、学生齐上阵。有时没有机械，就用人力挖播种沟、拉犁、拉耧、拉播种机，人力锄草、施肥、喷药，直至收割、晾晒……这一搞，就是“五十年如一日”。

靠什么支撑？

王辉说：“靠的就是一个梦想、一腔热血。”

育种工作面临着巨大的风险。常规育种，顺利的话，出一个品种也得经过漫长的8年甚至10年时间。在这条漫长艰辛的探索道路上，一部分人失败了，放弃了。一部分人坚持过，却知难而退。大多数人终其一生，往往是“颗粒无收”。王辉也面临过痛苦的失败。可他总能把失败的苦果咽进肚子里，慢慢消化，然后踩着失败的台阶继续前行。

大音稀声，大象无形。人们常常惊叹于滴水穿石的神奇，觉得有点不可思议。其实，也许正是那些静悄悄的东西，比什么都有力量。难怪有位中年诗人写诗赞扬王辉：“扎根大地写论文，金种之梦入髓深。心血灵智感天地，技补造化破天工。”

在王辉眼里，种子就是来年老百姓的丰收富裕，种子就是他的生命。为了小麦新品种的培育，血糖偏高的他因长时间蹲在田埂，好几次晕倒，但只要一醒过来便又继续一头扎进密密麻麻的麦田。他不但照顾不到家人，反而拉着妻子女儿给他当帮手。面对围绕在小麦周而复始的生长周期中长大的四个女儿，王辉经常讲的一句话就是：“你们是我的娃，小麦也是我的娃。”可“小麦娃”从播种到收获都得到了他这个“父亲”最精心的照顾，女儿们却未必有麦子得到的爱多。

把育种工作永远摆在第一位的王辉，时间几乎都奉献给了小麦。他埋头认认真真、扎扎实实地从教学标本区的两亩试验地里搞育种研究起步，逐渐扩展到四五亩以至数十亩。他像一颗倔强坚韧的麦种，生根发芽、分蘖、吐穗。

梅花香自苦寒来。“只要有一种信念，有所追求，什么艰苦都能忍受，什么环境也都能适应。”没地、没经费、没设备的窘境，枯燥、寂寞、孤独的工作，困难、挫折、失败的折磨……但他丝毫没有畏惧过，更没有退缩，硬是凭着自己对小麦育种事业的一腔热血，把青春和热血浇灌在黄土高原旱区的土地上，浇灌在小麦育种试验田的泥土中。

在不同人的眼里，王辉有着不同的形象。在学生眼中，王辉老师敬业、认真、厚道，具备了中国知识分子的美德。在老伴眼里，成天泡在地里不按时吃喝的王辉，就像是一头倔强的“骆驼”“秦川牛”。在女儿们的心中，父亲对小麦育种就是“一根筋”。

1978年，王辉被系里领导研究决定，抽调他到育种教研组搞教学，兼职科研工作，负责小麦育种教学实习和农业生产工作。

这时，王辉一边跟随赵洪璋院士做小麦区域试验项目，一边承担教学

又一轮品种试验播种即将开始时的王辉教授（右）和助手们

工作。按照常规，教学中在学生试验田上的小麦育种数据不必保留，但王辉却坚持把每一年的数据全部留存下来——这些数据，后来成了他起步独立育种的珍贵参数。

利用这个条件和机会，他一个人在教学标本区的两亩试验地里摆开“战场”，搞起了小麦育种研究。

1984年，王辉开始尝试育种，到1987年的时候，是王辉“最辛苦、最困难的时期”。

这期间，王辉于1978年光荣加入中国共产党。

共产党人的责任担当，人生追求的宏远崇高境界，使他的劲头更足了。他更加全身心地扑在教学、科研之中。

“做了很多的组合，但由于只盯住高产，材料选择上出了问题，再加上病虫害，特别是1988年条锈病大暴发，一场不期而至的条锈病让王辉的整个试验田成了‘一片红’。那一批材料到最后基本都淘汰了。”也让他

王辉教授小麦试验播种时给学生现场讲解

所有的辛苦全“泡了汤”。王辉手上没有材料，心里就没有底。

沮丧，但并不绝望。冷静反思后的王辉拍拍身上的泥土，继续上路了。

在失败中总结，在艰难中前行的王辉，几乎将所有能用的时间和精力都用到了育种上，终于“守得云开见月明”。1991年，王辉培育出他育种生涯中的第一个小麦品种——“西农84G6”。因具有早熟、抗病、抗倒伏、高产、优质等诸多特点，通过陕西省省级品种审定。

从1973年9月调到赵洪璋老师身边，到1991年，已经经历了18年的漫漫岁月风尘。如果再加上他在眉县良种场的3年育种经历，已经整整21个年轮过去了。

有人说，王宝钏苦守寒窑才18年，中国人民抗战才14年，你育个小麦品种竟用了21年。看来这个“活”不是任谁都能干成的。

可王辉却关注的是“二十年磨一剑！可这把剑到底怎么样？”

刻苦与勤奋，顽强与严谨，使王辉日臻成熟，也使赵洪璋老师惊讶，从而看到了他身上潜藏的奇光异彩和良好素质。因而赵洪璋老师给予他很高的评价——不错，很不错！没想到你竟然有这么顽强的毅力和这么超前的眼光，育出了这么好的品种！各种性状几乎都可以打高分。尤其是早熟性、抗病性和适应性这几个性状，在现有品种中是个突破。

王辉培育的“西农84G6”小麦品种，深受广大农民的喜爱。种植户农民的评价也很高。这从很多种植户争相种植的汹涌潮流中便可真切地感知到。

据不完全统计，“西农84G6”种植面积达500多万亩。

这些，进一步增强了王辉选育优质小麦品种的信心。他由衷地感谢赵洪璋老师，钦佩他博大开放的胸襟与气度。更让他欣慰的是，人生能遇到这样的一代大师，给了他无微不至的关怀和切中肯綮的指导。而赵洪璋老师勤勉、精进、俭朴、吃苦耐劳、淡泊名利、大济苍生的浩然人生境界，更成为他不断磨砺自己的精神导向标。

王辉厚厚的嘴唇雕塑出一个个性十足、创造性十足而经历坎坷又不被苦涩的经历所羁绊的成功者的风采。注定时代与社会要给予他机遇的阳光，让他踏过48个年轮的驿站时，生命的价值得以重塑，命运之神露出微笑。

很快，一个又一个紧紧围绕几个关键性状目标的育种方案在王辉的脑际酝酿出来。

“西农84G6”之后，时隔14年，王辉选育出推广面积累计上亿亩的“西农979”，更是书写着一个小麦育种家的传奇。

王辉说，这与赵洪璋老师当年的栽培与濡染密不可分。

一个偶然，“西农 979”被挑了出来。

王辉说，那年“春末夏初，碰上刮风下雨，试验田里的第9系倒了，觉得它抗倒伏性比较差，就把它列在淘汰类里面。第二年又种了一点，是想做个比较，没想到繁殖下去品质特别好，在多点试验中表现非常突出。”

有成功者幽默地说，“成功是失败的尾巴”。也有人说“成功是失败的最后一步”“失败是成功之母”。

王辉教授（右）在实验室指导研究生

是啊，偶然的成功中，总是隐含着许多必然的因素。

一个好品种，从杂交到审定，至少需要10年甚至更长时间。王辉的“西农979”，从1987年选材配制组合到2005年通过国家审定，又是足足经历了18年！

1993年，孙道杰第一次进王辉的试验田，“第一个见到的是我师娘，当时她正在试验田里拉分区的划行器。我从师娘手中接过划行器，这一接就是20多年。”孙道杰现在是西北农林科技大学的副研究员，王辉小麦育种团队骨干。

育种很累。普通农民从种到收，加上打药、施肥、灌溉，也就5天，而育种，要做足200多天甚或更多。

种子要一粒一粒种，3到5厘米点一粒种子。

植株要一棵一棵收，将那些性状表现好的单株，一棵棵挖出来。

品系要一小堆一小堆晒，每个系的第几代，都要分开成小堆晾晒，一次下来，数千个小摊子，绝不能弄混了。

王辉教授（中）和团队成员闵东红（右）、冯毅（右二）、李学军（左二）、孙道杰（左）在小麦试验田中探讨育种问题

王辉教授在接受媒体采访

晾晒的时候，晒场上摆着数千个小摊子。晚上王辉常常就睡在这些摊子旁。像是守候和陪伴自己心爱的儿女。

“王老师常常在地里一站就是十几个小时，晚上10点打电话找他基本还在办公室。”王辉的学生王成社教授如是说。

只要你一看见他，你就会被他对事业的执着追求所深深吸引。他像一团火，更像是一个功率巨大的烘箱，在不断地燃烧，让你感受到一股股强大的炽烈热流的燃烧。

且看看王辉继“西农84G6”之后十数年的育种脚印——

1994年，王辉选出品种“西农1376”。

1996年，王辉推出“西农2611”。

2000年，王辉推出国家审定品种“西农2208”，并由此走向全国。

从2002年开始，王辉带领团队采用常规优选育种方法，在优质、多抗的基础上，围绕大穗、小叶类型开展研究。历时11年选育出新品种“西农165”，2013年通过陕西省品种审定，亩产量在550～600公斤。

自2005年，王辉推出国家和陕西省双重审定品种“西农979”。

2006年，王辉推出品种“西农9718”……

这些小麦品种，均具有早熟、抗病、抗倒伏、高产、优质的特点，深受广大农民的喜爱，有的获得陕西省科技进步奖。

据不完全统计，“西农1376”种植900多万亩，“西农2611”种植800多万亩，“西农2208”种植600多万亩……

这些骄人的数字，既是对王辉痴迷育种的回报和肯定，也是王辉圆梦和奉献社会的具体体现。

王辉带着他的团队，选育出一个又一个优质小麦新品种。这不只是一个小麦育种专家的传奇，也是西北农林科技大学小麦育种团队的传奇，更是杨凌农业高新技术产业示范区的传奇……

在王辉培育的小麦良种中，最为突出的带头品种，是目前仍在加速推广的“西农979”。

五十多年来，王辉带着他的育种团队，早出晚归，从最初的小偃6号与西农65亲本杂交，小偃6号与小偃504亲本杂交，到跟陕213亲本杂交，再到跟陕229亲本杂交，各个系谱杂交的后代继续杂交，集优交配，协调选择，综合选优，最终选育出创新型小麦新品种“西农979”。

2005年“西农979”顺利通过了国家区域试验，亩产507公斤，比优质对照高产、与高产对照产量持平，且比对照品种早熟3天。此外还表现出了对赤霉病、白粉病、条锈病很好的耐性与抗性。

这些特点使“西农979”在农民中大受欢迎，种植区域也逐渐从关中扩展到了河南、安徽、江苏、湖北等地。“一个品种如果农民不认可，再好都不行。”王辉心中一直有一个让品种冲出关中、走向黄淮平原的梦，“只有进入了黄淮麦区，才能称作是大品种。”

集五六种优势于一身的“西农979”，半冬性、早熟、多抗、高产、优质、广适，具有很强的生产竞争力和市场竞争力，通过国家品种审定后，一传十十传百，广大农民争相种植。陕西、河南、安徽中北部、江苏中北部、湖北北部都有大面积种植，河北、山东、重庆等省市也有一定的种植面积，农业部连续七年推荐它作为黄淮麦区主导小麦品种。著名小麦育种家李振声院士评价说：“该品种较好地协调了‘冬性与早熟、优质与高产’等负相关性状间的矛盾，填补了黄淮麦区优质高产、冬性早熟品种的空缺，为该区小麦生产持续发展奠定了品种基础，为优质麦产业化和确保国家粮食安全起了重要的品种支撑作用。”他期望着、盼望着能扩大自己品种种植的“版图”。

小麦是我国第二大粮食作物，是北方第一大粮食作物，而黄淮麦区是我国最大的小麦主产区，是中国最大的小麦粮仓。选育出适宜这一地区的单产水平高、品质优的品种，就能为国家的粮食安全提供保障。

毗邻陕西的河南是我国的农业大省，也是全国小麦第一生产大省，小麦总产量占到全国的四分之一。也因此，小麦良种竞争在河南也显得异常激烈。

就在这“群雄逐鹿中原”的局势下，2004年，王辉的“西农979”走进河南，显得非常“抢眼”，受到当地群众和专家的欢迎与追捧。

2005年5月，在河南省的国家小麦区域试验点上，30多个品种，一眼望过去，其他小麦还绿盈盈的，唯独“西农979”的穗子已明显泛黄，颖壳皮儿都撑破了，露出明晃晃的籽粒。王辉抚摸着一穗穗麦子，如同爱抚自己心爱的儿女，眼里流露出一个父亲对孩子的千般爱怜。他看过来看过去，爱不释手。大弟子孙道杰提醒他，该走了。他这才不得不站起身来，朝前走去。

2006年4月，阳光铺天盖地洒下来，河南驻马店水泉汪村的数千亩麦田就亮起来。王辉戴一顶草帽，站在一群农民中间，跟他们一起观看“西农979”的长势。如果没人告诉你，谁也认不出他就是赫赫有名的陕西省小麦育种首席专家王辉。常年在地里奔波，他的皮肤已被阳光染上黄土的颜色，衣服也扑成一层灰土色，两只鞋子常常是干净着走出家门，晚上带一脚泥土回家。

水泉汪村自2004年试种“西农979”，一家看一家，到第三年，全村所有的地都种了“西农979”。穗子抽齐后，家家户户相约着去地里看麦子。远远地，看到一层绿油油的麦穗，直挺挺地向着阳光，细细的麦芒浮起一层碧色的青雾，像是谁给一望无际的麦田罩了一层碧绿的轻纱，又像是巧手的织女用刀剪裁过一般，整齐匀称，高低一致。密密麻麻的叶子藏在饱满的麦穗底下，不低头看，还以为“西农979”这种小麦没有叶子似的，只亮晃晃地长出一地麦穗子。

在河南新乡国家小麦区域试验点，一场雨水一场大风过后，很多参加试验的品种倒伏在地，青绿色的麦穗东倒西歪地耷拉着，穗子还没有长饱满，瘪瘪的样儿令人惋惜。而株高75厘米的“西农979”，却像个从风雨战场上凯旋的战士，昂扬着一颗颗坚挺的头颅，迎着五月的阳光，尽情地吸收养分。王辉说：“一个品种好不好，要看它是否经得住大的自然灾害。经受得住，就是好品种。经受不住，就会被淘汰。大风一吹，麦子早期倒伏，就没有产量。后期倒伏，收割就添麻烦。”因此，选育“西农979”时，他特别注意抗倒伏这个性状。评审委员会的专家们，看到“西农979”迥异于其他品种抗倒伏的表现，惊喜地给它记上又一大优点。

与“西农979”连畔种植的另一种小麦倒伏的惨状

条锈病和赤霉病是黄淮麦区小麦两种最主要的病害。“西农979”是高抗条锈病和中抗赤霉病的优质小麦。得了条锈病的小麦，叶面上挂出一道道黄色，铁锈色一般醒目，叶子软塌塌地向两边垂下去，麦穗又短又瘪，无精打采。而“西农979”的叶子却青绿青绿，围着茎干斜上挺举耸立，叶叶精神。麦穗又长又大又饱满。根根麦芒似细针，排列有序地刺向天空。

染上赤霉病的小麦，有的穗子没灌浆就干死了。有的穗子半截黄半截绿，是即将病死的前兆。即使外观看起来完整的穗子，剥开一看也是干瘪的病粒。而“西农979”除个别穗子会轻微感染赤霉病外，绝大部分都能健康生长。

看到麦子成熟期一场场雨水落下来，有的品种出现了麦穗发芽的情形，王辉欣慰他育成的“西农979”没有穗发芽的现象，即使收到打麦场上，淋过雨水的“西农979”，也极少有发芽的。农民不懂科技，但是，他们用普通的肉眼看清了“西农979”的耐穗发芽这一特性。抓一把穗子上发芽的其他小麦，再抓一把浑圆饱满色泽纯正的“西农979”，两相对比，不用细想，来年的麦种选择自然倾向于“西农979”。

与小麦打了一辈子交道的驻马店市农科所研究员张自亮说：“这个品种将很多看似难以协调的优良特性集于一身，实现了优质与高产、冬性与早熟、多抗与广适的良好结合。”

小麦条锈病病株

小麦赤霉病病株

“西农979，谁种谁富有”。这是当地农民发自内心深处和经历多次实践检验和证实了的自编顺口溜和口头禅。

这顺口溜和口头禅不胫而走，一时间传遍河南以至整个黄淮麦区大地，并越传越远。

直至今天，王辉都难以忘记“西农979”在河南举行的那三场声势浩大的现场观摩会。

2006年5月，在河南偃师市，西北农林科技大学副校长吴普特教授带队，来自全国各地的小麦专家、农业科技人员、种子企业家和粮食经销商300余人，一到麦田，就引来偃师农民群众的围观。专家们一边观赏，一边评价，啧啧称叹。农民也凑到跟前，把“西农979”的优势夸了个遍。大田观摩结束，到了会议室，王辉教授讲解了“西农979”的综合性状和推广价值。会后，偃师市种植的“西农979”全部被订购一空。

2007年5月，时任西北农林科技大学校长的孙武学教授带领数十名小麦育种研究人员亲临河南辉县考察，看到数千亩连片的“西农979”丰产方后，深有感触地说“好品种不进中原难成大品种”，因而提出：“把品种直接种到农民地里，让品种直接与农民见面，让农民自己挑选好品种。”为此，西北农林科技大学在陕西省内外建立了小麦新品种示范园20多个、示范基地59个，推广“西农979”，让更多的农民接受“西农979”，为国家的粮食增产做出更大的贡献。

河南省荥阳市广武镇白砦村村民丁永和老汉种了一辈子庄稼。提起“西农979”，老汉赞不绝口，“不倒秆、产量高，磨出的面，筋、白，香。好吃！”丁永和老汉喜不自禁地说：“‘西农979’还是名副其实的‘懒庄稼’，只要听种业公司指导，让下种时下种，叫打药时打药，不费劲，又高产。”

王辉教授选育的“西农979”河南观摩会

白砦村村支部书记王运奇说，他们村种植“西农979”已有4年，平均亩产达到520公斤，很受群众欢迎。目前，白砦村3 000多亩麦田全部种植“西农979”，并作为统繁良种由种业公司高于市场价统一回收。仅此一项，村民每亩增收近200元。

李纪民是河南省驻马店市西平县专探乡水泉汪村党支部书记，他说，他们村有3 200口人，平均每人一亩多地，从2006年开始种植“西农979”。没种“西农979”前小麦平均亩产400多公斤，种“西农979”后亩产一直稳定在500公斤以上。全村平均每年增收60多万元。

“西农979”之所以被广大农民看好，是因为该品种具有其他品种所不具备的突出特点。河南省农科院宋洪涛研究员说，“西农979”将很多看似难以协调的优良特性集于一身，实现了半冬耐寒与早熟相结合，高产稳产与优质强筋相结合，多抗性与广适相结合，良好的外观商品性与内在品质优秀稳定相结合，是一个优势突出的优质强筋小麦新品种，堪称国家“863计划”小麦育种项目的新突破。宋洪涛研究员还说，目前，“西农979”已成为河南小麦主导品种和优质强筋小麦代表品种。

以“西农979”为代表的优质小麦在河南等地大面积种植，在直接促进当地农业增产增效的同时，还强力推动了河南农业产业化进程，一大批技术含量高、效益好、产业链条长、带动能力强的小麦精深加工项目纷纷落户河南，从而形成河南独有的“小麦经济”。

目前，河南省已基本实现了以小麦外销为主转变为以面粉外销为主，同时在面粉加工、方便面、味精、面制速冻食品等行业产量均居全国第一，以小麦加工转化为主的食品工业已经成为河南省工业经济的第一大支柱产业。

“西农979”是2005年通过国家新品种审定的小麦新品种。之所以能够在短短几年时间走出陕西，挺进黄淮海麦区并大面积推广，除得益于品种本身所具有的优良性状与品质外，更得益于西北农林科技大学探索开辟的良种示范推广新路子、新模式。

王辉教授在实验室

西北农林科技大学自1999年合并重组以来，紧紧围绕国家赋予杨凌农业高新技术产业示范区的职责和使命，围绕区域主导产业发展，深入开展科技试验示范和推广培训工作，探索建立了“政府推动下以大学为依托、以基层农技力量为骨干”的农业科技推广新模式，实现了农业教育、科研与推广，大学优势学科、核心技术与产业发展，地方政府、大学、龙头企业与农村经济合作组织，以及大学科技专家、地方科技推广人员和农民的四个紧密结合，打通了农科教、产学研之间紧密衔接的体制机制障碍，推动了大学科技发展与农业产业发展的有效协作和互利共赢，开启了农业科技进村入户的“直通车”，解决了科技与种植户之间的“两张皮”和“最后一公里”难题，真正实现了农业科技与农户间的“零距离”“无缝对接”，带动农民走上了科技致富之路，促进了地方社会经济的繁荣与发展。在这一模式指导下，围绕良种示范推广，学校探索开辟了“大学—种业公司—品种示范园—农户”的品种推广新路子。

西北农林科技大学国家小麦改良中心杨凌分中心副主任王新中研究员说，每年夏收前，学校都会组织多场小麦新品种观摩推荐会，邀请河南、安徽等地农业主管部门、种业企业和科技单位代表来学校观摩优良品种，展示学校小麦育种实力，增强企业选用学校品种的信心，打开优良品种在黄淮麦区的销售渠道。学校在小麦主产区选择大中型种业企业，向其转让品种生产经营权，由种业公司负责进行包装、宣传、繁殖、营销和推广；

学校与种业公司、地方科研单位合作，在小麦主产区建立示范园和展示田，让广大农民“眼见为实”；此外，学校组织小麦育种人员到黄淮麦区考察，了解主产区小麦生产状况、品种需求以及学校示范品种在当地的表现情况，改进品种选育及推广工作。实践证明，这一良种推广新路子，使学校在小麦育种领域的传统优势得到充分发挥，让学校小麦育种团队和优秀品种走进中原大地，有效扩大了优质小麦品种推广种植的空间。正是通过这一模式，“西农979”在很短时间内走出关中，走出陕西，挺进中原，覆盖黄淮。

2015年初冬时节，王辉教授又一次如约来到郑州，察看和当地共建的育种基地上小麦种子田生长越冬情况。没想到一场突如其来的大雪，给麦苗捂上了一层厚厚的“棉被”，每垄每行的种苗标牌全被“藏”了起来，无法再进行科学的记载和比对数据“密码”。但王辉教授还是习惯性地俯下身子，扒开积雪看自己的品种苗情，嘴里却情不自禁地喃喃

西北农林科技大学原校长孙武学教授（右）与王辉教授在河南小麦观摩田间交流

地说“这三个大蘖都是一级分蘖，二级分蘖还没出来，冬前分蘖都能成穗的话至少它成三个穗子。”

王辉已经记不清来过这片麦田多少回了。2005年，王辉带着他育成并通过国家审定的优质小麦品种“西农979”走进黄淮麦区，从河南荥阳这块70亩的育种基地，发展到了如今在河南、安徽等省份超过1 000万亩的种植规模。

河南金粒种业有限公司董事长黑更全说，截止到2014年年底，仅在河南省，连续几年“西农979”推广面积都在800万亩以上，如果按它的正常水平每亩500公斤计算，农民每亩的收入能提高100到200块钱。

西北农林科技大学前校长、陕西省政协副主席孙其信教授（前）与王辉教授在河南小麦观摩会上到小麦育种园察看

河南金粒种业有限公司是2004年在陕西观摩小麦时与“西农979”结识并由此成为陕西省外总代理商的。在该企业的推动下，2005年，“西农979”率先落户素有“中原粮仓”美誉的河南省驻马店市，迅速进入生产

领域。2006年，全市种植面积52万亩，平均亩产455公斤。2007年，全市种植面积105万亩，平均亩产高达517.5公斤，实现了百万亩以上优质强筋小麦平均单产过千斤的历史性突破，高于当年全市平均亩产96.5公斤。2008年全市种植面积220多万亩，上升为全市第二大品种，平均亩产497.5公斤。2009年以来，种植面积超过280万亩，上升为驻马店市第一大品种。当地农民称之为“明星品种”。

“西农979”也让王辉荣获了2012年度陕西省科学技术最高成就奖。

其实对王辉来说，小麦大丰收，农民得实惠，才是对他最好的奖赏。

金粒种业公司总经理、河南省粮食经济协会副会长黑更全说，“西农979”已推广到河南、安徽、湖北、江苏等黄淮麦区主产区，年种植面积超过1 000万亩，仅河南种植面积就超过600万亩，成为黄淮麦区种植面积最大的三个品种之一，并成为郑州商品交易所优质强筋小麦期货交割首选

王辉教授获得2012年陕西科学技术最高成就奖

品种。

2015年，“西农979”实际播种面积超过1 500万亩，陕西关中地区超过400万亩，已连续7年被农业部推介为黄淮海小麦主导品种。

2016年和2017年，河南种植“西农979”的面积，仍在500万亩以上，从而大大优化了黄淮麦区的小麦品种结构。

金粒种业充分利用自身健全的营销网络，花大力气连续多年抓“西农979”的繁育与推广，承诺略高于市场价从种植户手中全部收购种子和粮食，深受种植户欢迎。可以说，是金粒种业成就了“西农979”，“西农979”也成就了金粒种业。

在良种示范推广过程中，西北农林科技大学还与当地农业科研机构开展密切合作，通过示范种植，进一步明确栽培技术要点，掌握适宜播种期和播种量，为“西农979”快速推广和技术管理提供了依据与范例，打开了包括西北农林科技大学在内的中国高等院校开展科技成果推广普及转化转移的眼界与思路。

2016年5月14日，西北农林科技大学与河南省农业科学院正式签署科技战略合作协议。协议规定，双方将本着“优势互补、平等合作、资源共享、力求实效、共同发展”的原则，在科学研究、人才培养、科技成果示范推广、现代农业展示、服务“三农”服务社会等领域开展实质性合作，形成长期稳定的合作关系，实现科技、经济、人才联合和资源、产业、项目对接，进一步提高农业科技自主创新能力和成果转化应用能力，加快传统农业向现代农业转变，从而为双方农业科技成果和技术在对方区域试验、示范、推广奠定了坚实基础。

时任西北农林科技大学校长的孙其信教授在签字仪式上表示，科技是支撑农业丰收的重要基础。西北农林科技大学将与河南省农科院紧密合作，充分发挥各自优势，强强合作，加快种业研发与良种示范推广，为维护国家粮食安全做出新贡献。

直到现在，西北农林科技大学在河南参加试验示范的各种农作物品种，每年都在100种以上。

为了进一步优化黄淮麦区小麦品种结构，解决小麦早熟与冬性的矛盾，王辉推出的“西农9023”在河南南部、湖北北部以及江苏、安徽以至重庆、河北部分地方每年推广面积均在百万亩以上，最高年种植曾达到700万亩。

河南省2016年引入小麦品种20多个，其中10多个来自西北农林科技大学。河南种植户普遍认为，凡是来自西北农林科技大学的小麦品种，就一定是优质、高产、抗病、广适型品种。

从2016年起，王辉和他率领的小麦育种团队又先后推出全面继承了“西农979”全部优点、性能更为全面、产量超过500公斤的“西农585”“西农20”等小麦优良品种。

王辉教授与部分河南小麦现场观摩会专家在“西农979”良种繁育田中合影

“西农585”“西农20”，各项性状指标和农艺性状都非常突出，特别是吸水率和蛋白质含量两项指标“独步天下”，从而改写了中国小麦品种审定标准，并由此将中国小麦品质提升到一个新的历史高度。

2016年9月21日，被评为“三秦楷模”的王辉被各大媒体报道后，连祖祖辈辈不种地的很多城里人都知道了王辉和他的“西农979”，知道了他的“西农84G6”“西农1376”“西农2611”“西农2208”“西农9718”“西农9872”“西农9871”“西农822”“西农165”“西农20”“西农585”。

有的小麦育种家穷其一生，都培育不出一个好的新品种。而王辉，却继“西农979”之后，用短短十多年时间，又育成了6个小麦新品种，一个比一个品质好、产量高、抗病、抗逆。这与他早年积累的经验，与“西农979”选育的巨大成功，与他一贯坚持的良种目标有着密切的关系。

作为育种者，他对“农民裁判员”十分尊重——同他的老师赵洪璋教授一模一样，“农民是我的老师。”这是王辉的口头禅。他这绝不是冠冕堂皇地说说，而是打心眼里也是这么认为并切切实实地去这样做的。

“种子好不好，农民说了算。”王辉说，“要让种子走出实验室，借助企业的渠道和在当地的示范与农民见面，让农民当裁判员”。

2015年岁尾，在陕西岐山县凤鸣镇八角庙村，村党支部书记陈建忠颇为自豪地说：“我与王辉老师打交道20多年了。他每育出一个新品种，都会先拿到我们村里进行试验、示范、繁育和推广。王老师爱农业、爱农民，我们农民也爱他。他给我们的增产、增收、富裕、安康帮了大忙。”

陈建忠对“西农979”的印象深刻。他说，当年，王辉从实验室拿来79公斤“西农979”，全部种在了他家的地里，当年亩产达485公斤。而当时的其他品种小麦亩产都在250～300公斤。

王辉教授（左二）等在河南荥阳“西农585”原种圃察看小麦

王辉教授等选育的“西农585”小麦良种受到现场观摩专家点赞

王辉介绍说："'西农979'面粉有什么特点呢？我们陕西东府百姓习惯用面粉蒸馍，而西府人则喜欢烙锅盔、做面条等。蒸馍要的小麦面粉要白且容易发酵，做面条却要筋道，有嚼头。'西农979'小麦磨出的面粉，正好符合这些要求。"

现在，八角庙全村种的都是王辉的"西农822"。草南村村民小组的侯军利说，2012年草北村村民小组最先种了"西农822"，在麦子成熟期，我们看到这麦子穗头大，整齐，光亮，看着可喜人了，而且秸秆不高、抗倒伏，也不甚得病，都很羡慕草北组。第二年，我们周围其他几个村民小组就全都种上了"西农822"。

陕西岐山县益平村以前普遍种植"西农979"，三年前开始繁育"西农9718"。益平村村民杨长科说："王辉老师经常来地里进行技术指导，听我们对小麦的意见。他看上去就像我们农民一样，一点儿不像大教授。"

而王辉自己也笑着说："我被学校门卫拦住过好几次。他们看我戴着个草帽，一身泥土，浑身草渣，以为是农民，没想到我是老师。可如果不下田，不亲自去看，要选出好品种是不可能的。"

王辉来到岐山县几户农民家里，为乡亲们指导小麦越冬。平日里颇为严肃、不苟言笑也不善言谈的他，一见到乡党，便打开了话匣子。"乡党，今年的收成咋个向？种子有没有啥麻达？小麦越冬还有啥困难没有？"王辉一边询问，一边在笔记本上记录着，一如50年来的严谨与认真。

王辉的学生们都知道，王辉老师擅长交农民朋友，最爱拜庄稼汉为师，一如他的老师赵洪璋。这份情感，让他的小麦品种格外"接地气"。

这个"接地气"可不简单。它不仅仅说明并要求必须实干、讲实效、讲"实践是检验真理的唯一标准"，而且理论必须联系实际，科学家必须与大众相结合，科学技术研究必须与实际生产经济社会发展相结合，经得起实践和用户的检验，必须向下扎根，向上结果。必须先"立地"，才可能达到“顶天”。

这个“接地气”，就是绝不能“闭门造车”“想当然”“空中楼阁”，不能仅仅满足于在“黑板上种田”，或搞些华而不实、与实际问题脱节、不解决理论与实际中的难题的“职称论文”“晋职专著”“为写论文而写论文”那一套。花费大量人力、物力、财力，生产、制造出一大批一大批“速朽”的、经不起实践检验的、毫无实用价值可言的“印刷垃圾”“研究泡沫”。那不仅是浪费，更是犯罪。

“王辉老师常说，他的种子他要负责到底。每年都会带我们到农民的地里实地探访。如果没有这份坚持，“西农979”很难有今天的成绩。”师从王辉21年的西北农林科大农学院副研究员孙道杰说。

王辉教授选育的“西农979”河南观摩会一幕

如今，西北农林科技大学在陕西、河南、安徽、甘肃、江苏、河北等6个省区建立的20多个小麦试验示范推广园和小麦试验示范推广基地点里，王辉在肩负陕西省小麦产业体系首席专家的同时，还亲自担任河南荥阳小麦试验示范推广园首席专家。每年夏天，王辉总会带着团队人员，不辞辛劳风尘仆仆地实地走访请教各地农

王辉教授选育的小麦良种“西农979”繁育收购点

民关于小麦种子的生长情况。王辉说："种子好不好，农民最有发言权。种子的品质改进，有时从农民的一句话中就能得到启发。"

2016年6月6日，刚刚出了医院的王辉，又一次走进宝鸡岐山县"西农979"的麦田。走到地畔，他一眼望去，齐刷刷一层麦穗，平整得像精心挑选的仪仗方阵，又像是铺在地面上的麦穗长成厚实的一大锭连着一大锭的"方木板"。太阳照上去，发出金灿灿的光芒。这让他一路紧皱的眉头终于舒展开来。这一年，积劳成疾的王辉大部分时间都在医院度过，天一下雨，他躺在病床上心急得跟猫抓似的。原本家人想带他到周公庙等当地的名胜古迹处多转转，换换环境，散散心。没想到，车一进岐山，他却不想去了。

是啊，对王辉来说，世间最美的风景，莫过于小麦大田丰收的景象。每年六月初，当成千上万亩麦子翻滚着金色的麦浪时，王辉来到黄淮麦区，站在田间地头，望着金灿灿的麦穗，心头涌动的是一个小麦育种人50年的探索与革新，是一代大师赵洪璋的培养与扶植，是一位优秀共产党员的责任与担当，是一个农家子弟吃饱肚子的渴望与梦想，是一个麦田守望者"育得金种慰苍生"的不变初心……

2012年，王辉获得了陕西省科学技术最高成就奖。站在领奖台上，王辉捧着亮闪闪的证书，仿佛捧着一粒主宰国家粮食命运的金种子，心潮起伏。40多年了，他苦过，累过，但是，当他看到黄淮麦区一望无际的麦子时，看到家家户户满场院晾晒的麦粒时，看到农民合不拢嘴的喜悦时，他心里涌动的是甜蜜，是幸福，是别人永远无法体会的责任意识。而更让他记忆犹新的是赵洪璋恩师曾经给予他的遗传育种经验的启蒙与指导。

至今，西北农林科技大学还流传着一则故事。

西北农林科技大学教授王成社说，学校为推广"西农979"，2015年用王辉教授捐出的"西农979"小麦新品种面粉，特地让各餐厅蒸了6万

王辉教授亲自给学生发馒头

个馒头，免费分发给全校师生品尝。那天，西北农林科技大学各餐厅偌大的笼屉里冒着腾腾的热蒸气，学生和教师排着队领馒头，领到馒头之后，塞到嘴里，咬一口，越嚼越香，越嚼越筋道。师生们奔走相告，“西农979”磨出的面就是好，蒸出的馒头就是好，能嚼出筋丝来。来自全国各个省份各个地市县的学生，回到家乡再绘声绘色地宣传，“西农979”的名声就传播出去了，小麦专家王辉的名字也长了翅膀一样到处飞。

2016年10月12日，在“三秦楷模”王辉教授先进事迹报告会上，西北农林科技大学校长、全国人大代表、陕西省政协副主席孙其信教授说，王辉教授是农业科学家特别是小麦育种专家的杰出代表，是优秀知识分子的杰出代表，是中国共产党员的杰出代表，他从事科研40多年，刻苦钻研，执着守望自己痴迷的麦田，践行着“培育出更多更优小麦品种”的初心，彰显了他干事创业、开拓创新、精益求精的职业追求。

2017年1月5日，西北农林科技大学的每个职工过完新年一上班，就收到一份陕富面业集团赠送的“西农979小麦胚芽粉”。个个在欣慰的同时，禁不住深深感叹，他们领到的何止是一款科研新产品，岂止是一盒营养新食品，那是王辉教授率领的小麦育种团队对老百姓身体健康牵挂的沉甸甸的责任心啊！

接受采访时，有记者问王辉“这些年你最高兴的是什么时候？”

“我最高兴的时候……”偌大的会议室一片寂静，大家都在等王辉的回答。他一时窘迫，甚至转向了坐在身旁的助手孙道杰：“你说，我是啥时候？”

“这种事别人怎么替你答。”助手孙道杰回道。

王辉想了想，脸上的褶子渐渐打开，“在河南，看到一望无际的金色麦田，开车半个小时甚至一个小时走不完，一片连一片，种的都是‘西农979’，我心里确实高兴”。

“如果是你的娃，长得那么心疼，你说你高兴不高兴？”王辉反问着采访的记者。

河南长葛万亩流转田里，几十台收割机点缀着一望无际的金色麦田，麦浪荡漾，呈现出一幅丰收的喜人景象。这是河南金粒种业“西农979”小麦种子田收割序幕的开始

“小麦只有走进中原，在中原站稳脚跟，才能成为大品牌。”王辉心里一直有一个让自己的种子冲出关中、冲出陕西，走向黄淮大麦区的梦。

农业部全国农业技术推广中心统计资料显示，“西农979”的实际种植面积为2009年993万亩，2010年和2011年均为1 500万亩左右，2012年也在1 000万亩以上。2015年冬，黄淮麦区，“西农979”播种面积超过1500万亩。从2010年到2017年夏收，累计推广总面积约1.53亿亩，增产优质小麦50多亿公斤，新增效益90多亿元。“西农979”已成为我国第四大冬小麦品种。

2017年冬日的一个上午，笔者约王辉教授面谈。

王辉提前就到了，坐在西北农林科技大学北校区国家小麦改良中心杨凌分中心小楼二层的一间办公室里等我。

我走进这间办公室时，看到这间房子不大，约有十多平方米，放了一张50年代制作的油漆已经斑剥的木质办公桌、两个装满书的书柜、一对木扶手的沙发、几个板凳就已经显得有些“满满当当”。办公桌上堆放或散放着书籍、稿纸、笔记本和几瓶小麦种子标本。屋顶因为漏雨，黄色的污渍清晰可见。由于地处采暖的末端，新装的空调镶在灰暗的墙面上显得颇为注目。

这么简朴甚至可以用“简陋”二字来形容的办公条件，王辉教授却不介意，也许是看到我异样的眼神，立即解释说“对我们来说，有搞育种的试验田才最重要。”

王辉教授简朴的办公室

我点点头。是啊，对长年从事小麦育种的王辉教授及其团队来说，试验田的确是他们

守望麦田五十年如一日的王辉教授

出成果最重要的实验室。

在这个小楼上，王辉教授和他的小麦育种团队，拥有两间总面积50平米的办公室。除了王辉这间，另一间稍大些，“丛林”般摆放了好几组办公桌椅和书柜。

分外看重把科技论文写在大地上、写进泥土里、写进亿万民众的饭碗里的王辉，主持育成西农84G6、西农1376、西农2611、西农2208、西农979、西农9718、西农9872、西农988、西农585、西农20等12个国审或省审小麦新品种的同时，也十分重视发表科技论文和出版学术专著，为的是不断总结提高，交流学术，勇攀科技高峰，为科技创新添砖加瓦，为启迪后学。他与人合作编著出版有《小麦生态理论与应用》等三部专著，发表《提高渭北源区小麦品种产量潜力途径的研究》《西农小麦1376籽粒干物质累积特点及调控途径》《西农1376小麦早熟高产的生物学特性分析》《关中地区小麦超高产育种问题探讨》《黄淮麦区区试小麦品种（系）的品质性状分析与评价》《早熟高产小麦光合生理特性研究》等研究论文40多篇。主持完成《小麦超高产亲本材料创新及超高产性状研究》国家“九五”科技攻关子专题研究，协作完成《全国小麦生态研究》国家自然科学基金项目，主持完成《西农1376小麦品种后补助》国家新品种选育后补助项目，《早熟高产小麦品种选育》《高产、优质、多抗小麦品种选育》陕西省“八五”“九五”科技攻关项目，主持完成《大穗小麦发育特性研究》杨凌科研专项基金项目，《优质高产专用小麦育种技术研究及新品种选育》国家支撑计划子项目，《分子育种实用化研究》国家948项目，《西农979等品种及标准化生产技术示范推广》国家跨越计划项目，《陕西省小麦育种工程》陕西省13115科技创新工程重大科技专项等。

王辉教授带领的小麦育种团队种子储藏室

《中国小麦光温特性研究》1995年获国家自然科学三等奖，《西农84G6小麦品种选育》1995年获陕西省科技进步二等奖，《杨陵农业科技试验示范基地建设综合技术研究》1995年获陕西省科技进步二等奖，《西农1376小麦品种选育》1998年获陕西省科技进步一等奖，同年获亚农杯农业贡献奖，《西农2611小麦新品种选育》2002年获陕西省科学技术二等奖，《西农2208小麦新品种选育》2006年获陕西省科学技术二等奖，他本人2006年获全国农业科研先进个人奖，2012年获得陕西省科学技术最高成就奖。他是有突出贡献专家，兼任全国农作物品种审定委员会委员、全国小麦产业委员会委员、陕西省小麦育种首席专家、陕西省农作物品种审定委员会委员、陕西省夏作物审定专业组组长、陕西省小麦育种协作攻关组组长、咸阳市和宝鸡市农业顾问……

他说，这些并不说明自己有多高大，多能行，而是一份份沉甸甸的责任和一份份沉甸甸的使命。他清楚，这责任重大，这使命光荣，容不得有半点马虎，不敢有半点松懈。

坐在办公桌前头发早已斑白的王辉，双眼端详着“西农979小麦胚芽粉”包装盒上鲜亮而又刻骨铭心的一行数字，眼角热辣辣的。

一望无际麦浪滚滚的金黄色麦田，又浮现在王辉的眼前、心底……

献身篇

草本跨年四季成
深植泥土向阳生
向下扎根上结果
金籽献罢奉全身

——牛宏泰·小麦颂

中国，是一个崇尚英雄、需要英雄、产生英雄和英雄建立英雄业绩的国度。我们所处的当今时代，是一个造就英雄又英雄辈出的时代。我们面前的这位英雄，并非叱咤风云、挥舞刀枪剑戟或“力拔山兮气盖世”的“金刚”式的战神或力士，而是一位与他的故乡的先祖“农业始祖”“农神”后稷以及他的“人生导师”小麦育种大师赵洪璋院士一模一样的与土地、种子打交道的纯朴的、掌握现代农业科学技术的“种子”式的英雄。他将他76载的人生化作一粒种子，用他的整个生命作“赌注”，“赌”一粒小麦种子，半个多世纪只作“育种”这一件事，坚持全心全意为人民服

王辉教授在小麦试验田中

务的宗旨，半个多世纪如一日地与黄土地为伴，以实验田实验室为家，躬耕麦田，锐意创新，倾情奉献，先后主持培育出以“西农979”为代表的国家审定小麦品种3个，以“西农84G6”为代表的陕西省审定小麦品种9个，推广面积累计1.53亿亩，增收小麦50多亿公斤，新增产值90多亿元，为保障我国粮食安全，优化主粮品质结构和千千万万普通中国老百姓的富足安康做出突出贡献。他主持完成的科研成果先后荣获国家自然科学三等奖，陕西省科技进步一等、二等奖，2012年荣获陕西省科学技术最高成就奖……他无愧于“敬业奉献好人”“中国好人”“时代先锋”“三秦楷模”“陕西好人”等光荣称号。

王辉教授和助手们在小麦试验田中

除了让中国普通的总人口高达好几亿的农民兄弟从小麦优良品种中获得光景过得富足、安康、有尊严，王辉的思绪早已经远远扩展到国家利益层面。比如他对国家粮食安全的担忧与思考——他认为“外资对中国农业的渗透已经影响到中国粮食安全，应当引起各方面的警惕”的观点，确实值得高度重视。粮食安全中更有个种子安全的问题。随着我国市场的进一步开放，跨国公司已经“长驱直入”，参与到包括种子研发、种植、加工、物流、销售等农业产业链的各个环节，有的产业已完全被外资掌控。虽然我国两大主粮——小麦和水稻目前产量还比较充裕，但是从大豆、玉米来看，我国已从最大的大豆出口国沦落为最大的进口国，由玉米出口国转变成进口国。因此，民族种子产业的发展面临严峻局势。

小麦是世界种植面积最大的粮食作物，为人类营养提供了最多的蛋白质，全球约有半数以上的人口以小麦为主食。我国小麦种植面积约占粮食播种面积的22%，小麦总产量占粮食总产量的21%左右，全国60%以上的人口食用小麦。小麦在农业生产中占据十分重要的地位。

小麦可以利用冬春季生长发育，既可与水稻、旱粮等作物轮作，又可和油菜、豌豆、绿肥、蔬菜等冬作作物间作，又可和棉花、花生、玉米等春作作物套种，以提高复种指数，增加农作物的年总产量。小麦具有广泛的遗传基础，有着大量的形态生态变异，有着丰富多样的栽培类型和广泛的适应性，对温度、光照、水分、土壤、肥料的要求范围较宽。小麦在其生育期间所受的自然灾害比棉花、水稻、玉米等农作物少，利于高产稳产。小麦各项田间管理、收获、加工等作业易于实现机械化操作，以大大提高劳动生产率。因此，小麦生产在我国国民经济和社会发展中具有极其重要的地位，对我国粮食生产起着至关重要的作用，是近年来唯一与粮食“九连增”保持同步增长的粮食作物。

王辉教授选育的“西农979”小麦育种基地长势喜人

全世界作物中小麦面积最大。世界小麦单产水平欧洲国家最高。

但在世界小麦主要生产大国中，只有中国的小麦单产最高，这也是我国小麦生产的一大优势。

近二十年来，世界小麦种植面积持续增长，但中国的小麦种植面积却在持续下降。然而中国小麦的总产量却呈现明显增加趋势，这得益于我国增长较快的小麦单产水平。但与高产国家相比仍存在一定的差距，这也表明了我国小麦单产进一步提高的可能性。

王辉从中国小麦近四十年的发展变化中看到，1978年至1992年，我国小麦没有出口，只有进口。其中进口量超过1 000万吨的年份有十年，低于或等于1 000万吨的有五年。1993年至2008年，我国小麦既有进口，也有出口。这16年间，我国小麦总进口4 528.4万吨，总出口654.7万吨，净进口总量为3 873.7万吨，年净进口242.1万吨。但这16年间也有一些年份实现了小麦净出口，包括2002年、2003年、2006年、2007年和2008年。这表明我国小麦总体呈现进口趋势减缓，自给自足的能力在不断增强的态势。

可王辉对此却并不十分乐观，他认为仍须“居安思危”“未雨绸缪”。千万不可过分盲目乐观或掉以轻心，导致“大意失荆州”。

从中华人民共和国成立至今，我国主要麦区小麦品种已经完成7次更新换代，产量潜力已有较大提升。但我国与世界小麦高产国家相比还存在一定的差距，这虽然表明我国小麦单产进一步提高的可能性余地仍然存在，挖掘现有品种的增产潜力仍有较大空间，但小麦优良品种的覆盖率和中低产田的改造，仍需花费较大的投入和力气。加之近年来，虽然我国由于各项补贴政策的实施，小麦保护收购价格持续上涨，但由于小麦生产成本也在不断增加，导致种植户收益增加不明显，种植小麦的比较利益导致种植户积极性并不高。加之我国的农业基础仍然十分脆弱，抗御自然灾害的能力不强，许多地方仍然靠天收获，制约着小麦生产能力的进一步增长，尤其是水利设施的老化损坏、缺乏维修，大型灌区骨干建筑物完好率不足40%，中小型灌区农田水利田间工程的现状更令人担忧，导致输水效率低，灌溉渗漏损失大，小麦生育期需水量较大，关键生育期输水无法有效保证……

还有，化肥的大量施用造成的土壤板结，以及过量施用化肥、农药、各种不可降解的农资和大量污染物、有害垃圾、工业排污等造成的水源、土壤污染……

种子是农业之父，土壤是农业之母。只有健旺的种子加上健康的土壤，才能产出健康的粮食。污染的水源和污染的土壤，生产出的粮食能健康吗、能安全吗……

作为小麦育种家，王辉更多思考的仍然是中国小麦的种子问题。

他首先想到的当然是小麦良种选育。

中国的小麦良种选育前景仍然十分广阔、诱人。这是他至今“退而不休”持续从事小麦育种的最大“诱因”。

与此同时，王辉也在思考，做大做强中国的民族种业出路在哪里？诸如大豆风波所暴露出的美国农业部发布消息、跨国公司进行现货贸易、期货交易所操纵价格、“产业巨头”大面积收购等一系列运作，足以引起人们的深思和进一步研究。

王辉还想到，在全球经济“一体化”的大背景下，做大做强民族种业，并不意味着简单地阻止外资、外企进入，这既不符合我国改革开放的方针政策，也不符合中国的“入

王辉教授选育的“西农979”小麦麦穗

世承诺”，更不符合积极参与国际化竞争，在游泳中学会游泳以促进自身快速成长、成熟，进而走向强大的民族自立自强愿景。但如何在开放中营造更好的竞争环境，企业又能够在这样的环境中进一步学会竞争？目前我国的种业市场小、多、乱、杂，全国虽然有一万多家种子企业，但有些经营很不规范，常出现假冒伪劣种子“坑农”“害民”抹黑政府和科学家的事件。一些无良种子商人和缺德“科学家”以假冒伪劣种子或伪科学种子“忽悠”老实巴交农民的事件屡屡发生，也让他无法沉默，无法容忍。要改变这种状况，必须一方面国家加大投入，规范种子市场，增强民族种业的发展活力，另一方面则是依靠科技进步，持续品种自主创新，保持种业发展的后劲。

当面对严峻现实——世界陷入了粮食恐慌，人们连连发问：谁来养活中国，养活世界？1994年，美国人莱斯特·布朗发表了轰动全球的《21世纪谁来养活中国人？》。有人不加思索，武断地嗤之以鼻，有人装聋作哑不置一词，有人有理有据予以批驳，有人则拿出实际行动予以回应。王辉觉得，布朗的观点是对的。布朗的报告叫做wake-up call，是“醒世呼唤”的意思，目的在于起到警示作用，并非真的对中国抱有“敌意”。布朗希望呼唤、提醒国家领导人，不要把经费拿来备战，制造武器、兵器，而是要重视粮食生产发展农业。

不过，布朗对中国科技进步提高粮食产量的潜力估计不足。

就在20世纪70年代，中国这片古老的土地上爆发了一场欢天喜地的“绿色革命”，刮起一场声势浩大的“绿色旋风”。袁隆平怀着从小定下的目标坚持不懈地努力着。每天都认真仔细地研究水稻，这位坚定执着的知识分子，不怕苦，不怕累，不怕脏，不怕臭，头顶烈日，脚踩烂泥，观察稻谷的生长情况，就算暴风骤雨也不能阻挡他那颗火热的心。利用稻谷的种子，培育出更好的品种，正是这种外人难以理解的痴迷之情，在无形中支持着他。正是这种对梦想的执着信念，在背后推动着他精心进行着每一分钟耕耘。正是这种不断努力的精神，促使他走向成功。正是这种踏实严谨的治学态度，最终迎来了盆满钵满的丰收硕果！

为了满足新世纪对粮食的需求，我国农业部于1996年立项了中国超级稻育种计划。经过“九五”“十五”“十一五”的攻关，我国在超级杂交稻研究方面，已于2000年实现了超级稻第一期大面积示范亩产700公斤的目标；于2004年，提前一年实现了第二期大面积示范亩产800公斤攻坚的目标；2011年又首度创下平均亩产926.6公斤的超高产纪录。这一系列的重大突破，是中国人依靠科技进步革新种子取得的，对我国保障粮食安全具有重要意义。

杂交水稻的推广不仅解决了中国粮食自给的难题，也为世界粮食安全做出了杰出贡献。人们尊称袁隆平为“杂交水稻之父”，还把天上的

王辉教授（右二）在小麦试验田中向西北农林科技大学原校长孙武学（中）介绍情况

一颗小行星命名为“袁隆平星”，这颗小行星在人类的头顶上闪烁着耀眼的光芒。

由此，王辉敏锐地意识到，袁隆平院士及其率领的水稻科研攻关团队给人们的一个重要启示就是，振兴与强大民族种业的发展，中国的种子不仅能满足自己，还能走出国门。

世界上许多事情看起来似乎很平常，但每每在有意无意的心血凝聚的瞬间，往往蕴蓄着一种潜行的能量和关联。它的价值也许不在今天，而在明天抑或后天。它无影无形地释放，给事物的发展以新的导向，或悄悄推动一段历史的进程。

“种子出口”成了中国“种业强国梦”、农业出口的战略“前锋”与“前哨”。除了传统种子贸易外，投资并购、本土化研发等战略协作发展

每逢小麦试验紧张时节，王辉教授和小麦育种团队成员及学生都会自觉聚拢到试验田中，进入忙碌又井然有序的研究工作之中

风起云涌，方兴未艾。中国种业正借助“一带一路”，走出国门，秀出“国际范”，前景无限广阔，需要有雄心、胆识、能力过人者琢磨未来，判断未来，既不要高估了现在，也不能低估了未来，瞅准目标，抓住机遇，以给行业带来全新的格局……

王辉看到，包括中国在内的种企已经进入“寡头”时代，中小型种企将越来越被“边缘化”。种子行业“强者愈强”趋势显现。

看国际，2015～2016年，国际种企“巨头”开始寻求“抱团取暖”的机会，开展了新一轮的兼并重组。如陶氏与杜邦率先宣布合并、中国化工宣布收购先正达、拜耳宣布收购孟山都、巴斯夫收购拜耳70亿美元的业务，全球种业格局也被重新划分。2016年，净资产1亿元以上的企业数量达到341家，较2012年增加一倍多，其中净资产10亿元以上的企业由 2012年的7家，增加到 2016 年的15 家。

看国内，2010年以来，中国种企减幅过半。部分是因为种子经营许可证到期，部分是因为资金链出问题不得不宣布破产，还有一部分是被兼并重组。一面是大批中小型企业退场，另一面则是龙头企业的快速并购。隆平高科就是其中最典型的例子。2017年6月以1.2亿元收购湖南金稻80%股权；8月23日，收购惠民科技80%股权。11月，隆平高科正式通过以4亿美金与中信农业基金等共同投资收购陶氏在巴西的特定玉米种子业务。截至2017年10月底，通过多次收购整合，隆平高科已和不久前收购先正达的中国化工集团共同进入全球种业十强，排名第9位。2018年，隆平高科收购的速度进一步加快。中国种子行业已经由过去的增量市场共赢进入到存量市场竞争时代，所有的资源都呈现出快速向龙头企业积聚之势。未来种子行业的发展趋势会在“马太效应”的影响下，由强势企业胜出并形成市场垄断，这也标志着我国种子行业进入到了“大者恒大，赢者通吃”的新时代。

王辉还欢喜地看到，中国种植业生产要素迅速集中，农业开始“效率革命”，终于等来了品类优化和毛利率提升的“双轮驱动”，种植业服务模式的升级，催生新的经济形态出现。农业越性感，资本越冲动。中国种子行业已由野蛮生长阶段过渡到合规发展和商业模式比拼时代。

王辉早就意识到，育种是一项伟大的事业。随着经济全球化、国际一体化、多元化时代的到来，育种事业仅靠此前的分散、弱小的“单打独斗”肯定是不行的，必须走“集团作战”的路子。所以他一直十分注意团队建设，一直致力于发现和培养育种接班人，同时注意追踪世界育种科学前沿，以使中国的种子选育研发与自主创新能够持续、高效地不断取得进展与突破，使得中国育种事业能有更加强劲的核心竞争力……

大多数时候，在那片小麦试验田里，总能看到王辉团队成员三三两两的身影。但到了周末，大家似乎就像提前约好了似的，个个准时出现在试验田里，忙着各自的工作。

“其实，我们根本就没预约过。多年的习惯养成了，自然就会到这儿来。”正在指导研究生做盆栽试验处理的李学军，已跟随王辉搞育种十几年了，刚上完课，就和研究生在地里忙活开了。

气温很低，穿得少点站在地里就会发抖。“冬天最冷的时候，也是我们下地的时候。因为这时要观察记载小麦抗冻情况。”李学军一边说，一边手把手地教一个名叫吴青霞的女研究生。吴青霞来自宁夏，虽然生长在农村，但对小麦生长发育规律却不十分清楚，不敢放开手脚地干，只是在李学军的指导下做田间的盆栽试验。但她很有吃苦精神，一个多小时的时间里，来来回回提了六桶水，一双手冻得通红，在配有肥料的水桶里用小纸杯一杯一杯舀水浇灌盆栽试验小麦苗。“不苦，不冷。习惯了。”

王辉的敬业、不怕苦、“立地”“顶天”精神，已潜移默化地“传

王辉教授（中）与助手李学军（右）、冯毅（右）在小麦试验田中

染”到第三代、第四代育种人身上了。

同时，王辉把团队成员的培养看得很重，大都被送出去做访问学者或到科研层次更高的国内高校和科研院所去开展合作研究，既交流学术，又学人长处。

长期跟随王辉从事小麦育种研究的闵东红教授，1964年4月出生，陕西商州人，现为博士研究生导师，种子科学系系主任。1990年7月西北农业大学农学系农学本科毕业，1990年7月在陕西省商洛地区农科所参加工作，1994年3月在西北农业大学农学系工作至今。2006年6月获西北农林科技大学作物遗传育种专业农学博士学位。从中国农科院做完博士论文实验后，申请到一项经费高达300多万元的转基因专项课题。

孙道杰，1970年1月生，河南焦作人。现为副研究员，硕士生导师。1994年7月西北农业大学农学系毕业并参加工作，2005年7月获作物遗传育种学博士学位，2012年年底到墨西哥国际玉米小麦改良中心进修。

张玲丽，1970年2月生，陕西凤翔人，后随父亲迁居陕西凤县，痴迷于育种，本科期间《育种学》课程考试曾是全班第一名，1993年从西北农业大学农学专业本科毕业后，分配至陕西凤县农业局种子站工作，1999年调回母校，报考王辉教授的硕士和博士，2003年获硕士学位，2007年获博士学位，2012年曾在美国做访问学者。

李学军，1971年9月生，陕西商州人，现为西北农林科技大学农学院研究员，博士生导师，1994年6月西北农业大学农学系农学专业本科毕业，2004年6月获西北农林科技大学作物遗传育种学博士学位，2006年2月至2007年3月在美国康奈尔大学遗传育种系作访问学者，2007年入选西北农林科技大学“青年学术骨干人才支持计划”。

冯毅，陕西山阳人，1974年出生，1999年西北农林科技大学农学专业本科毕业，留校工作后又攻读硕士、博士并已获得博士学位。其中博士阶段的实验是在中国农业大学做的。

尽管已经有了颇具实力的小麦育种团队，王辉依然担心小麦育种的发展，“现在40岁以下做大田育种的年轻人基本没有了”。

为吸引更多师生了解小麦育种知识，参与到小麦育种事业中来，共同把小麦育种事业做大做强，王辉把自己多年培育出的珍贵种子拿出来，与所有课题组成员分享。在喜获陕西科学技术最高成就奖并获百万元奖金后，王辉当即表示，把奖金中的80万元拿出来，用于团队自主选题的科研经费补贴。

“西农979”在黄淮平原获得了成功，王辉获得了科学界和政府的认可，西北农林科技大学小麦育种团队也发展到了60多人，试验田发展到了30多亩。

“西北农林科技大学的团队基本都是在王老师的‘大旗’下开展工作的。”王辉的学生马翎健教授如是说。

王辉教授和助手指导实习大学生小麦播种试验

现在西北农林科技大学小麦育种团队的方向很多，材料创新方面有远缘杂交、细胞工程等，常规育种方面有高产、抗病、优质、专用粉等。

“写一篇高质量论文用一年，一个试验不行再换一个，但育一个品种要十几年。论文出来，有些能促进科技发展，但更多的还是放起来了，影响能有多少？作用能有多大？一个种子出来能促进农业发展、农民增收，有实实在在的效果。”王辉希望在职称评定条件上，对育种专业的论文要求少一点。

除了从事业上关心团队成员的学术成长，王辉也尽一切可能从生活的点点滴滴上关心、爱护。

冯毅博士说，令他难忘的是，在2012年夏收前的决选中，我们每天早晨6点准时进试验地，可能是早上着凉了，进地不久，他开始出现一系列感冒症状，王辉老师见状，劝他回家休息，但他觉得自己年轻，没事儿，更重要的是他不想错过这个育种最重要的环节。八点刚过，他们正在决选时，冯毅听见试验地边有人喊他的名字，他抬头一看原来是王辉老师的爱人马老师，她手里拿着感冒药和一瓶水说："你王老师说你感冒了，让我给你拿点药过来。赶快把药吃了。"当时冯毅喉咙哽咽，热泪盈眶，深切地感受到了亦师亦父亦友的浓得难以化开的那种爱。

中央媒体集中采访王辉教授现场

经历了半个世纪艰辛育种历程和苦乐生涯、早已大彻大悟了的王辉，把小麦育种的思路拓得更宽了，已经把未来品种类型设计出来了，凸显了一位当代育种家的大家风范。

王辉觉得，农业无国界，农业是全人类共同的永恒产业，农业的发展最终要靠科技进步来实现。如今，世界生物技术和信息技术的突飞猛进，将改变现代农业的方向。21世纪的农业将成为技术最密集、经济效益最大的产业，它完全可以养活未来地球200亿人口。但必须共同遵守一条可持续发展的理论原则，那就是以生态农业求生存，以生物农业求发展，这是21世纪农业的主旋律。国际名家已有预言，中国的农业，将成为未来最赚钱的行业。

有所得就必然意味着有所失，有所失也必然意味着有所得。这就是人生的“舍得定律”。

除了身体的超负荷运转大大地超支、透支外，王辉还舍去了很多很多。

王辉在老家杨凌示范区李台镇西魏店村原有一院住房，前些年杨凌示范区推进城市化建设，给老家的村子建了住宅小区，也按相关规定给他分了小区的房。可他嫌离他的小麦试验地远，送给亲戚了。

他老伴辛辛苦苦把在西北农林科技大学专家公寓买到的一套通透性更好、光线也更好的大房间装修好了，他也嫌离他的小麦试验地远，宁可空着也不去住，一直坚持住在现在的120多平方米的房间里。因为这里离他的小麦试验地近，一抬脚走不多远就能看见他的试验小麦……

为了心中梦寐以求的小麦优良品种，王辉50多年来始终以“骆驼”“秦川牛”式的踏实稳健、忍辱负重、低调谦让、百折不回、不屈不挠的姿态与步履一步一个脚印地默默前行。

王辉从事小麦育种50多年，孤独、寂寞、饥饿、炎热、蚊虫叮咬都没

王辉教授和助手、学生在实验室中交流

有动摇过他对小麦育种事业的执着。对王辉来说，生活条件上的艰苦从来都不足挂齿，唯有对于家庭和亲情的亏欠，使他每次想起，都会产生深深的愧疚。

在别人眼中王辉是一个有着杰出贡献的科学家，但是在熟悉他的人的眼中，王辉则是一个乐观、朴实、幽默、充满爱心的普通人。

常言说，每一个成功的男人背后，肯定有至少一位伟大的女性。王辉也不例外。王辉的身后，有一个贤妻良母式的“贤内助”马桂霞。

半个多世纪来，王辉把自己全部的精力都奉献给了小麦育种事业。他对物质享受没有要求，也很少有精力和时间照顾家人。王辉的老伴马桂霞不无嗔爱地说：“他就不是一个好儿子好孙子，也不是一个好丈夫，也不是一个好父亲。他根本就不管家不顾家。他一心光在他地里头干。”妻子和女儿们只有在农忙时帮他下地干活，才能全天享受家庭团聚的喜悦。和王辉结婚50余年的妻子马桂霞给王辉打了一辈子下手，什么“扬花”“授粉”“杂交”“接病”“千粒重”“穗粒数”等这些专业术语，在她这个初中数学老师的口中早已如数家珍，俨然成了半个“专家”，却从没享受过和丈夫散一次步、花前月下一下的浪漫。

有感于此，笔者想采访采访马桂霞老师。当然也想从她那里“挖点”有用的写作材料。尤其是王辉老师，除了记得大女儿是1969年出生，小女儿是1977年出生，中间两个女儿哪年生的都记不清了，更不要说她们的具体出生年月日。笔者想问问马桂霞老师。

这也可从一个侧面看出，王辉老师把他的“小麦娃”看得有多重。因为王辉老师育成的每一个品种的相关数据，他都记得牢牢实实、清清楚楚。说起来也琅琅上口，如数家珍。

可当笔者通过熟悉马桂霞老师的王辉老师的学生和助手张玲丽副教授给马桂霞老师带话时，却遭到了马桂霞老师的“断然拒绝”，而且连电话也不让给她打。

我由此判断，马桂霞老师肯定和王辉老师一样，也是个非常低调、实诚的老秦人、老陕。

从王辉老师口中得知，马桂霞老师也是陕西杨凌人。她娘家在杨凌下代村。

无情未必真豪杰。他爱他的家庭，他爱他的妻子，他爱他的四个宝贝女儿。他总是在心里无数次地念叨，自己欠他们的太多了，只能以后慢慢补偿。

当年奶奶和爷爷年纪大，身体差，自己这个做长孙的，除了在上大学期间给爷爷奶奶带过学校食堂做的粉蒸肉等让他们尝尝鲜，用节约下来的生活费贴补过家用外，没能更多地帮衬老人，报答抚育大恩，心中时常愧疚。

母亲早逝，父亲一生辛劳，直至2007年80多岁去世，自己这个做儿子的，没尽过多少“孝道”。

王辉教授坐在田埂上与学生交流

尽管老家西魏店离学校仅两三公里路程，但他也很少回老家照管家人。老父亲想念儿子了，还得拄个拐杖，颤颤巍巍地到学校来看他。

弟弟、妹妹一直在农村，都是普普通通的农民，日子过得也不宽余，自己也没能照顾他们多少。

从1968年与老伴结婚到现在，也50多年了，陪老伴的日子也屈指可数。别的夫妻几乎天天花前月下，可自己竟然连一次都做不到。

四个女儿，自己也照管得十分有限。仅仅允许他们到自己的试验田里晾晒场上实验室中帮自己干活的同时享受一下天伦之乐。

妻子和4个女儿，总是被他“抓壮丁”，在小麦试验等处一边帮他“义务劳动”，一边享受天伦之乐。有人曾夸赞他的“老婆孩子齐上阵”。王辉说，不止我一个。那时每逢试验品种播种时，育种人都一样。例如杨天章老师等等，都是“全家老少齐上阵”。

直到如今，四个女儿全都有了各自的小家。可女儿、女婿、外孙、外孙女每次来看他，只能在小麦试验地里找到他。人手不够时，还得全给他当帮手“义务劳动”。“能抓住谁就是谁。不过没工资，全是白干。”王辉笑着说。

每每想到这些，他的心都会一阵阵抽搐，有时会在没人的时候呜呜地哭，哭停了，抹把脸，又去小麦育种地了。

小麦试验地里麦子随风沙沙作响，像是通了人性，化作最温存的慰藉。

其实，王辉对亲情的理解和对女儿们爱的表达方式，不同于常人的想象。

王辉对女儿们不仅仅是疼爱，在学习和生活中都非常细致地关怀。三女儿王宇蓉考大学的时候，大学录取率还很低，三女儿第一年参加高考没考上，觉得家里经济困难，非要去南方打工。王辉一再劝说，给三女儿讲一定要上大学，接受大学教育，不然一生都会遗憾。后来坚持让三女儿复读一年，只要三女儿愿意上，他就会一直供，不必考虑经济问题。王辉的小女儿上初二的时候，有次期末考试，和班里另一个同学考了并列第一，心中很高兴地告诉王辉，等着表扬。可王辉不仅没有表扬，反而两手各伸出一根指头在桌上给小女儿比划着说：“学习如逆水行舟，别看你们俩现在是并列，如果你不努力，别人努力一点，那你看看，你就会落后。”小女儿悻悻地转身离开，可这句话却一直留在了小女儿心里。上高三的时候，每天下午吃过晚饭，王辉都会跟小女儿下三盘五子棋。小女儿下过几天后水平提升一些，加之好胜心强，每每落子之前考虑很久，王辉看小女儿下得辛苦，才跟小女儿说：“你高三学习紧张，我跟你下下棋，想让你轻松一下，换换脑子，你却想得这么认真。”小女儿这才明白了父亲的用意。

在试验田里查看小麦出苗情况的王辉教授

王宇英说：“父亲的家庭观念很强，对我们的教育也体现其中。有一些细节，小的时候我已经习以为常，长大了才知道这是父亲刻意的培养。在家里任何时候来了客人，孩子们必须全体起立迎接，客人走时全部起身送到门口。养成了我直到现在，办公室里只要有人进来我就会习惯性地站起来。家里吃饭必须所有人围坐在一起，不能端去一边各吃各的。每年八月十五父亲会在小桌上摆上月饼水果敬献月亮，这样的传统文化仪式我现在也带到了自己的小家庭中。”

王宇英说：“我们家里有四个女儿。各位一定能够想象，当我作为第四个女儿出生时，一定是很令父母失望的。可我虽然是女孩，从小至今却从未受冷遇，反而享受了无数父亲的疼爱。小的时候经济条件不好，家里冬天买了苹果谁都不能随便吃，都是放在沙发座椅下的隔挡里存着。父亲过一段时间就会打开沙发，按家里的人数取出苹果来，每人一个。可每一次，父亲都会把他的那一个苹果留给我，让我下顿再吃，自己从来不吃。”

王辉教授（中）在陕西农垦大华种业公司考察

王宇英说：“小时候父亲常常出差，每次出差回来我们都非常开心。父亲如果是去外地出远差，一定会给我们姐妹带回来礼物。小时候各种女孩子穿戴的项链、腰带都是父亲出差带回来的。如果是去附近出短差，父亲一定会给我们带回来好吃的。所以翻他的包是我小时候迎父亲进门后最期待的事情。长大后母亲跟我告状说，你小时候你爸每次出差回来买的好吃的，大多都不是在外地买的，都是出差回来想到没买东西，而你们会翻他的包找好吃的，就在学校门口的小商店买完才带回家的。我听了后，不仅不觉得父亲是骗了我，反而明白了父亲是从不忍心让孩子失望。他出差去的地方大都是区县农村，在那个物质贫乏的年代，在工作繁忙的时候，怎么可能总是能带回来好吃的？这是父亲自己想尽一切办法也要让孩子开心的浓浓的如山似的父爱啊。”

王宇英说：“和父亲有过交往的人都知道，父亲非常朴实，正直善良，有理想追求。和父亲非常熟悉的人也知道，父亲对待工作非常严谨认真，有时一着急脾气就不太好，生气起来会大发雷霆，有如疾风骤雨。我们上学时每年寒暑假都会给父亲帮忙挑拣麦种。有一年，大姐一不小心把两个品系麦种混在一起了，在我们看来两个纸袋里的种子长得很像，没有什么差别，而且就算搞错了，又不是不能种，来年继续使用也不会有什么大的问题。但较真的父亲却不这样认为，他大发雷霆，连妈妈都不敢怎么讲话了。后来才知道，这个品种父亲已经培育了三年，为了保证麦种品质的纯正，他还是放弃了这两个品系，放弃了三年的辛苦研究。后来在父亲身边的人都知道，父亲生气一向是对事不对人，他心里想的关注的，从来只有天气如何、病虫害如何、品种表现如何，下一年的工作计划如何等，其他事情从不在意。他正直的品格，也影响了许多的学生。直到现在我们家里每到过年，总是会收到许多学生给父亲寄来的贺年卡，对父亲牵挂、赞赏之情言语恳切，让我们这些子女都感动唏嘘不已。”

王辉教授在河南荥阳小麦试验田中

“我们生活的这个时代，人们对物质的追求越来越高，而对‘事业’两个字的理解，也往往退化成了‘工作能挣多少钱，职务能当多大官’，可父亲的认识却截然不同，他一直强调的，是你的工作能为这个社会做多大贡献。这种朴素而又崇高的认识也一直影响着我们。我的爱人是信息专业博士毕业，毕业后留校工作。后来由于他的父亲脑梗病重住院，花费巨大，而当时高校工资水平很低，他想辞职去公司工作。我的父亲强烈反对，一直强调难道你就想挣一点钱？你对这个社会有什么贡献？后来爱人在公司工作研发能力不错，父亲就多次鼓励他，要趁着年轻多闯多干，出来自己做事，多为社会创造价值。在父亲的影响下，我们子女们的事业价值观也如此，工作的目的是把事情做好，多创造社会价值。”

高尔基说：“父爱是一部震撼心灵的巨著，读懂了它，你也就读懂了整个人生！”对许多人来说，在青春年少或者以后更长的时间里，是不能很好地认识自己的父亲的。现在，我们自己也都为人父母，回头再来看看父亲在我们人生中留下的烙印，对我们人生道路的影响，点点滴滴，潜移默化。近两年来父亲身体不太好，以前的高大结实变成了现在的消瘦虚弱。父亲老了，头发白了，背也弯了。可父亲在我们子女心中的形象依然高大！”

“父亲的大半生几乎都在小麦地里度过，家里天大的事比起小麦地也是芝麻粒般的小事。父亲总说，他一天都离不开他的小麦，只要农民能增收，就是抛家舍口也值得。”说起父亲，王辉的大女儿王宇娟五味杂陈。父亲的形象在她心目中既陌生又亲切，既高大伟岸又难以理解。“我和父亲漫步在小麦育种试验田，父亲愧疚地说：‘娟娟，你爸这一生在你爷爷奶奶面前不是个好儿子，在你妈面前不是个好丈夫，在你们面前更不是一位称职的好父亲。我欠你们的真是太多太多！’”

提起这些，王辉总是慨叹自己没本事，顾不得两头，只能把一件事做好："尽忠不尽孝，尽孝不尽忠，我已经对不起家人了，不能再对不起等种子下地的老农们。"

他不但注重孩子的学校教育，还注重开拓孩子的视野。那时候，人人经济都不宽裕，出门旅游对孩子们来说，是个稀罕事。大女儿小学刚刚毕业，他就带她去西安，游览钟楼、鼓楼、碑林、大小雁塔等名胜古迹，让她了解中国悠久的历史和博大精深的华夏文明。小女儿刚上小学，他利用暑假，带她远赴新疆，培养孩子对祖国美好山河的热爱之情。

王辉的小女儿王宇英说："父爱就这样悄无声息地影响着我们，包围着我们，支撑着我们坚强、乐观地面对人生。小时候不觉得，可成年后回头看看才发现，我们的人生中竟无处不烙下父亲的印记。"

王辉口拙，话少，不善言辞，对孩子的学习和工作很少有言语上的具体指导，说得最多的话也就是"好好学习""好好工作"等几句简简单单又实实在在的言词。但他兢兢业业、脚踏实地，遇到困难不退缩，取得成绩不停歇的工作态度，却一直以来耳濡目染地熏陶着女儿们。

在女儿们小的时候，学校里除了寒暑假，还有夏忙、秋忙两个假期。每当假期，王辉都会带着几个孩子和他一起，在麦田里、晒麦场上、脱粒机旁劳动。夏忙假时，在烈日下给麦穗脱粒、晒麦子、装袋。暑假时，在实验室手工把几百、上千斤麦粒按照品系品种一一挑拣，称千粒重，装袋作标签。秋忙假时，在麦田里按照标识的间距把一粒粒麦种点在划好线、开好沟渠的垄行间的土地里。每一年每一个假期都如此度过，让女儿们通过劳动，体会农民的艰辛和粮食的得来不易，养成勤俭节约的习惯。

王辉用自己的一言一行引导孩子们积极上进，还跟孩子的母亲一起，用和睦勤俭的家风，培养孩子们良好的生活习惯和热爱生活、宽容善良、积极乐观、懂得感恩的品质。

西北农林科技大学前校长孙其信、副书记徐养福、吕卫东、任应坤等与王辉教授（中间捧花者）先进事迹报告团成员合影

王辉的小女儿王宇英说：“父亲在工作中认真严谨，执着追求；在生活中朴实无华，正直善良。这么多年，在很多方面一直是我们子女的表率。”

王辉是活到老，学到老，持续不断地与时俱进的典范。

王辉的小女儿王宇英说：“在学习方面，父亲不仅言传，更加让我们印象深刻的，是身教。父亲小时候查字典用的四角号码，从没有学过拼音。计算机开始进入我们的工作生活，成为必不可少的工具时，文字输入成为父亲面临的大问题，他不会拼音。于是在2000年，父亲已五十六岁时，拜大姐刚上小学的女儿，他的孙女为师，开始学拼音。家里门后面挂着小学生用的大幅拼音字母图，父亲平时说话中就常常练习拼读，因为常常发错音，惹得我们全家哄堂大笑，他自己却不以为意。父亲在年近六十岁时开始学开车，我们全家都不抱希望，年纪大了人的反应就会慢一些，加之开车又牵扯到安全问题，更要加倍小心。父亲却认认真真，到处找师傅教他。学校的司机师傅、我的姐夫们都曾是他的教练。二姐夫的一辆小面包车变成了父亲的教练车。有一次练习时，父亲一个不留神开车撞到了一棵树上，车前面全碰坏了。当时我们都想着这下父亲肯定就不学了。没想到父亲依然坚持学开车，仍然一有机会就练习，一年后还考取了驾照，可以自己独立开车上路了。老话说‘人过三十不学艺’，父亲却用实际行动告诉我们，任何时候开始学习都不晚！”

直到现在，76岁的王辉，带着满身病痛，依然亲自开着汽车，到全国和全陕西省各个小麦产区跑得“马不停蹄”。

王辉上中学和大学期间学的是俄语，工作后的研究资料却大都是英文版本。为了扫除研究工作的语言障碍，已过不惑之年的王辉决定学英语。于是，他跟刚上初中的小女儿一起，从A、B、C开始，从一个个单词开始，坚持学习近两年，终于基本上能借助字典独立阅读英文资料。

在西北农林科技大学副书记徐养福（左）陪同下，陕西省委高教工委书记李仲为（左二）、陕西省教育厅厅长王建利（右）一行专程慰问王辉教授

王辉对工作的脚踏实地、一丝不苟，给同事、学生和孩子们留下了深刻的印象，更潜移默化地影响了他们，使他们在各自的工作岗位上，也兢兢业业，毫不含糊。

为了心中梦寐以求的小麦优良品种，也为了使用计算机输录、保存、处理科研资料，不会拼音的王辉直到五十岁了，才跟着孙女从a、o、e开始学拼音，直到能熟练操作计算机、学说“醋溜普通话”——因为他的老陕话、关中腔许多学生听不太懂，学校也有用普通话讲课的考核要求，外出参加全国性交流也有诸多不便。

为了心中梦寐以求的小麦优良品种，王辉直到1995年他52岁时才晋升副教授。从1968年到1995年，其间他当了整整27年助教和讲师。

“优秀是可以‘传染’的”。他的敬业，他的忍让，他的低调，他的谦卑，他的朴实，他的执着，他的坚守，他的坚毅，他的奉献，他的无私，他的大气……早已“传染”给他的老伴、他的女儿、他的女婿、他的外孙和外孙女、他的亲戚、他的团队、他的学生、他的朋友……

知道内情的人，给王辉起了个秘密外号——“拼命三郎”。

有好多次，王辉因为蹲在麦地里时间过长晕倒在地里。后去医院一检查，没找出什么原因，医生只是反复告诫他不要长时间工作。但他却说，“小麦就是我的命。小麦育种必须深入田间地头，一天看不见自己的麦子，我这心里就不踏实。”

晕倒在麦地里的事，他老伴至今都不知道。

有一次去宝鸡一个县看小麦区域试验，中间王辉竟莫名其妙地突然晕倒，可把当时在场的同行和领导吓坏了。可过了一会儿，又好了，而且好长时间都好好的，好像啥事也没有一样。

他现在才意识到，其实他的多次昏倒，除了累、各种各样的压力大外，都是因为长期自以为自己身体好，麻痹大意，把由食道静脉曲张造成的胃出血进而引发长期贫血没当回事。

直到2015年住进西安交通大学第二附属医院做彻底检查，才发现大便发黑——隐血，终于“顺藤摸瓜”找到了病根所在。

当时医院建议他做脾切除手术，他考虑再三又坚持做保守治疗，但仍无法彻底根除，总是忽好忽坏，才不得已去医院做了支架手术，让支架起血流的分流作用，以降低门动脉高压。这样一来，大便隐血的问题和由此导致的贫血问题得到缓解，但因支架管径太粗（这类支架目前仍处于试用阶段，型号只有粗细两种），分流的血流过大，又造成新的病症——肝性脑病，一旦发作，人就昏厥，且导致记忆力几乎完全丧失，连简单的算术都算不了，人就类似于傻瓜，只好又二次做支架手术——给前一个支架中间又放置了一个细小支架。这样血流分流量太大的问题虽然解决了，但新的问题又随之出现——血管堵塞、血栓，直到频繁出现晕厥以至吐血，医

王辉教授在小麦试验田中向西北农林科技大学前党委书记梁桂（中）、副校长钱永华（右）介绍小麦品种试验情况

院曾两次发送“病危通知”……

在这种情况下，王辉才不得不在2017年3月做了脾脏切除手术。

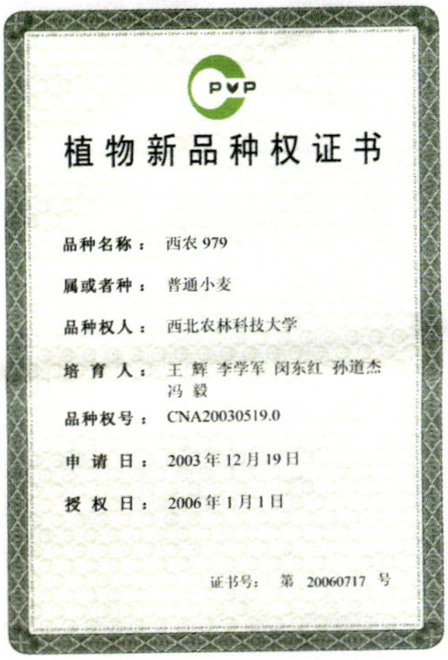

王辉教授选育的西农979新品种权证书

直到现在，王辉的病情算是逐步稳定下来，体力恢复得还算理想，除了长期以来的糖尿病，每天需打四支胰岛素，因脾脏切除导致抵抗力稍差、全身无力外，精神正在恢复，体力和抵抗力也在逐渐恢复，但每三个月得去医院保养、调理一次，每两周得去查一次血……现在，已经76岁的王辉，牙也不行了，已经去牙科诊疗多次。

就这，王辉仍放不下他的小麦。

陕西省渭南市临渭区农业局原局长王寿山是王辉20多年的好朋友，每次到杨凌登门拜访王辉，见面的地点也多是在小麦试验田里，聊的话题都是农业生产、农业科技。2016年夏收前，西北农林科大一个老师通过微信给王寿山发了一段视频——王辉在烈日下一一巡查、检视即将收获的试验品种，手背上粘着刚打完吊瓶的胶布，草帽下是一张明显疲

王辉荣获的陕西省先进工作者证书

王辉荣获的陕西省“三秦楷模”证书

倦憔悴的脸，旁边还站着一个手提药箱、不断催促他赶快回医院的小护士。原来他是从医院住院部“逃出来的”时，被细心而又十分负责任的护士发现，后经与医院商量，他才得以由护士带着药箱陪护到麦田里的。王寿山心疼得不得了，眼泪差点掉下来，立即拨通了王辉教授的电话，既佩服又埋怨地说：“王老师，您真是不要老命咧！”没料到王辉却说：“这几天是关键，不到地里亲眼看一看，我吃不下，睡不着！”

早年不规律的饮食和辛苦劳作，让他患上了严重的糖尿病，每天需要打四次胰岛素。别人退休又是养生又是旅游，但在王辉看来，除了育种工作，其他啥都没意思。

一天不见小麦就心不安的王辉，退休后即使在生病住院期间也难以割舍对小麦的那份爱。2014年4月，由于开春忙碌，王辉病倒住院。其间，他出现了吐血的情况：“血色素低到50多，而正常人是100多，医院两次下发病危通知。”守护在病床前的小女儿劝父亲别再为小麦的事操心了，“咱休息吧！”王辉却笑着说：“没事，我还不能休息，小麦育种还没弄完呢。”

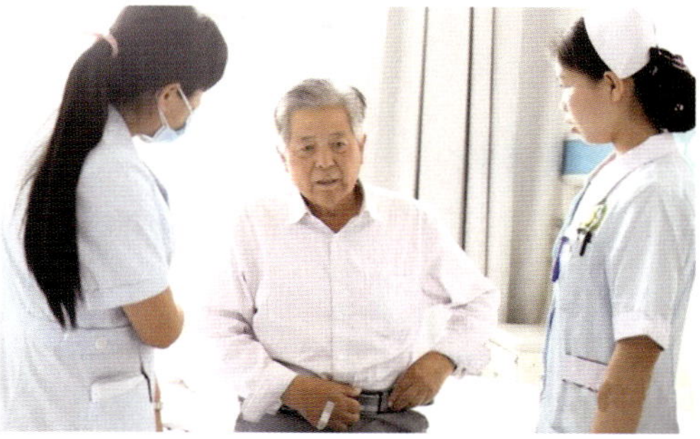

医院病房中的王辉教授（中）

2018年5月28日，王辉教授小麦育种团队在试验田决选

那一刻，女儿真正理解了父亲。“小时候不理解他的情怀，现在才明白，他是心里真

正有追求，有信仰。”王宇英说。

西北农林科技大学校长吴普特教授说，王辉老师淡泊名利，求实创新。在我的印象当中，他几乎没有休息日，把论文写在大地上。这种精神很感动我。

王辉则说，一时不到地里干点啥，似乎就像缺了啥一样。有这工作的支撑，才觉得活得有意义，活得才有信心。

搞了大半辈子小麦育种，出了这么多成果，早已步入古稀之年了，该满足了吧，该歇下来了吧，该颐养天年了吧。可王辉还没能卸下肩上的担子，育种团队还需再扶持，“扶上马还得再送一程”啊。“西农979”的潜力还有空间，新的育种设想还未实现。

多少年来，王辉始终站在小麦育种和高产优质抗病攻关科研领域的前沿，凭着一丝不苟、精益求精的科学精神和孜孜不倦，锲而不舍的坚强毅力，用自己的智慧、心血、汗水，积极推进种质资源创新，逐步提高新品种的高产性、优质性、抗病性、抗逆性和广适性，注重与国内外先进技术接轨，带领科研团队孕育出12个国家和陕西省审定小麦新品种，创造了一个又一个奇迹。

如今，王辉教授的小麦种子人生还在继续，杨凌科教工作者的育种传奇还在延续。

成功往往伴随着荣誉。掌声一次次因他响起，鲜花与荣誉一次次将他簇拥上领奖台。

而且，踏着历史的风尘与岁月的波涛，王辉身上的荣誉、光环越来越多，也越来越大，越来越亮。

自2012年获得“陕西科学技术最高成就奖”以来，“陕西好人榜”“中国好人榜”“感动陕西人物”陕西省先进科技工作者等一系列荣誉争先恐后地朝王辉蜂拥追来。

2015年10月25日，中省29家媒体集中聚焦西北农林科技大学小麦育种专家教授等“农业科学家”群体；

2015年10月29日，新华社《国内动态清样》（第4716期）刊发了王辉教授先进事迹；

2015年10月31日，中组部、中央人才工作小组负责同志就学习宣传王辉教授事迹做出批示要求，彰显了对人才工作的高度重视；

2015年11月，中共陕西省委组织部下发《关于共同做好宣传王辉同志先进事迹的意见》，就集中宣传报道王辉教授事迹作出安排；

2015年11～12月，王辉教授先后入选“敬业奉献陕西好人榜”“敬业奉献中国好人榜”和2015“感动陕西人物”；

2015年12月16日，农业部在武汉召开学习王辉同志先进事迹座谈会；

2015年12月23日，中共中央宣传部下发《关于做好西北农林科技大学育种专家王辉教授先进事迹宣传报道的通知》，就深入学习宣传王辉教授事迹作出周密安排；

2015年12月29日，中组部新闻办负责人率中央11家媒体再次走进西北农林科技大学，聚焦王辉教授；

2016年1月8日起，王辉教授先进事迹陆续通过报纸、电视、广播等在中央级各大网络媒体广泛报道；

2016年1月26日，农业部在北京举行王辉同志先进事迹报告会，同日，农业部下发《关于开展向王辉同志学习的决定》……

2018年6月，《中国报告报告文学》杂志刊出长篇报告文学《种子人生》，报道王辉的小麦育种人生；

2019年《人民文学》杂志第5期在“我和我的祖国”专栏刊发记录王辉事迹的长篇散文《种子啊种子》；

2019年5月30日，中央电视台访谈栏目头条报道王辉的最新研究进展；

……

“荣誉标示着责任，代表着使命。也只说明过去，并不代表将来。”王辉如是说。

“报奖、领奖之类这些事情，他本人是不愿意的，学校做他工作，说就全当是为了我们学校小麦育种宣传，为了学科建设与发展。他觉得并非纯粹是个人的事，不得已，他就去了。”在嫡传弟子孙道杰副研究员看来，王辉是一个比较传统的人，一贯低调，不喜张扬。“而且长期辛勤劳作，身体也不太好。加之领奖也会影响小麦育种的事。”

面对荣誉、光环、奖项，王辉一贯淡然，“追名求利本身并没有什么不好，但有些人没有干多少事就去争名夺利，得什么奖，发表什么文章，都要去争。有些老实人做了很多事反而没太在乎什么名利。我认为，把名利看淡一点，不要去争名夺利，心里就会好一些。”“对事业的追求就是

学生向“三秦楷模”王辉教授献花

乐在苦中，搞农业科技工作是很苦的，整天在太阳底下晒、在泥土中踩。但是因为有希望在，会出好品种，所以乐在苦中，苦中有乐。如果没有希望，盲无目的，就不会有乐趣。”

王辉同他的人生导师、小麦育种大师赵洪璋院士一样，是一位真正的耕耘者。当他是一名普通教师的时候，已经具有颠覆世界权威的胆识和行动。当他名满天下的时候，却仍然只是专注于田畴，淡泊名利，保持“一介农夫”的“两袖清风”，一如既往地播撒智慧，收获富足。

但在王辉看来，这些都还不够。

4 000多年前，我国历史上最早的农官、农师后稷，在杨凌一带“教民稼穑，树艺五谷”。之后，赵洪璋、李振声等老一代育种科学家在这里将“稼穑”的种子撒向中原。

王辉的老师赵洪璋院士育出的“碧蚂1号”年最大种植面积超过9 000万亩，使用寿命超过20年。

杨陵的另一位小麦育种前辈曾获国家科学技术最高奖的李振声院士育成的“小偃6号”累计推广超亿亩，一些地方使用甚至超过了30年。

这些，成为王辉的榜样与标杆。

面对辉煌的成就，年逾古稀的王辉没有停歇的意思。

守着已有的成绩和荣誉，王辉尽可在家享受退休生活和天伦之乐。但心怀多年的痴迷，他怎么能离开土地、离开种子？

一如一代小麦育种大师赵洪璋院士所说的一样，王辉说“生产环境、自然环境、人的需求不断变化，没有万古长青、包打天下的良种。育种永远在路上，育种没有休止符！”

退休后这几年，每年3月到10月，王辉每天还是超过10小时待在试验地里。冬季，他还是会跑到关中等冬麦区，手把手教农民如何让小麦安全越冬。夏日收获季节，他依旧还是铺一张凉席睡在晾晒场，“宝贝”似地

王辉教授（左四）在陕西省科学技术大会上领奖

亲自守护一年辛苦选育出的麦种，不容出半点差错。

他说，“每天不到地里，不看看麦子，不摸摸麦子，就浑身不自在。”

是啊，在王辉眼里和心里，育种是一个不断逐梦的过程，是优中选优，永远没有终点的创造。每天，都是一个新的开始。“育种是一条永远没有终点的路，因为现在的种植条件更新换代太快，一个新品种的生命周期仅仅只有5年到8年时间。”王辉说，“小麦的‘生长密码’埋藏在泥土之中，育种工作者的生命，只有深耕于田野才有意义。”

如今已经退休四年的王辉仍然活跃在育种工作第一线。他培育的西农235、西农585等新品种正在进行区域实验和国家审定。

王辉说，粮食生产必须居安思危。因此，在王辉心中，还有一个更大的梦想，那就是：“培育出一个产量潜力更高、品质更好、实用性更好、抗病性更全面的新品种，应用于农业生产，以使农业增产、农民增收，为国家粮食安全做出更大贡献。”王辉说，我就感到自己的心愿没完全实现，总感到没有选育出一个的的确确符合我心里面想象的新品种性状要求的理想品种。

“说老实话，种粮的效益并不高。种一亩小麦的收益连劳力成本都不够。”王辉是一个绝不空想、非常务实的科学家。他算账说，农民工进城打工一天能挣80元，干上一个星期挣560元，按现在的小麦市场价，可以买280公斤麦子，够一年吃的了。农民打一个星期工，就能解决一年吃饭的问题，但种一亩麦却必须辛劳整整一年。”

作为育种专家，王辉觉得自己能做的，首先就是在品种上优质优价，至少帮农民把农资成本拿回来。

一粒种子改变世界，因为这粒种子承载着人类的梦想。又因为梦想的力量使这粒种子在悄无声息地生根、发芽。小小的种子，以惊人的生命力，奋力破土而出。这粒种子改变着农业、农民、农村，改变着中国，改变着世界，改变着人类。知识、汗水、心血、执念、灵感、智慧、机遇，给了它养分，沐浴在时代的阳光中，这粒改变世界的种子还在欣欣中生长，那些告别饥饿、贫穷的愿望，那些麦下乘凉的梦想，已经并继续随着种子永续诞生、撒播，茁壮成长，谱写着时代的生命传奇。而这个“追梦”的人，因辛勤且充满创造性的工作，也化作了一粒“种子”，改变着中国“三农”的生产、生活，改变着“三农”的生存、发展方式，提升着“三农”的档次和水平而成为真正意义上的“种子人生”、传奇人生。

是啊，小麦优良品种培育者王辉，培育的是良种，而且从事了半个多世纪。他的整个人生，就是培育种子的人生。而在这个过程中，他忘记了自己，丢失了自己——

不，王辉这个老秦人的后裔“关中大汉”，以“大济天下”的胸怀，抱定以“粮安天下”的责任、使命和担当，将他的人生融入了种子，实现了小麦育种事业和人生的完美融合，将自己的整个人生也化作了“一粒种子”——一粒能改变世界的金色种子，书写小麦育种事业的下一个辉煌，继续谱写着“育得金种慰苍生”的农业科技工作者的“民生”乐章。

76岁高龄的小麦育种科学家王辉摊开在桌子上的又是一迭白纸。

一张白纸，可以画最新最美的图画，可以写最新最美的诗文。王辉也打算画一幅前无古人的新画、大画，也打算作一篇在中国尚属“空白”的诗文……

王辉，仍在一如既往地、一丝不苟地做一粒身体、精神、情感、性状、活力都十分健旺的“种子”，传递着，繁衍着……

后　记

古代神农传神威

育种传人有王辉

后稷故乡新后稷

金种万家富足归

——牛宏泰·咏王辉教授之三

知道王辉其人，是笔者刚刚大学毕业参加工作时间不长之时。距今已经整整四十年过去了。

那时，因我刚刚大学毕业参加工作，工作岗位被领导安排在当时的西北农学院人事处师资科，住在一间四个人各占一个“角落”的西北农学院西北区最大的“舍房”中。同室住的四个人中，有两个农学系的老师，一个是小麦育种大师、大名鼎鼎的赵洪璋院士的科研助手，另一个是当时的农学系系主任玉米育种学家宋玉墀教授的助手兼任实验室管理工作。闲暇时聊天，聊着聊着，他们有时经不住我的“纠缠”，就有一搭没一搭地给我讲述他们崇敬的专家教授的故事，介绍他们的同事的情况。其间，听他们介绍过王辉，留下了初步的印象。

写王辉教授，是笔者很早就有的想法。

那是在二十多年前的1991年。

这一年，王辉育成的第一个小麦优良品种“西农84G6”问世。

“西农84G6”这个小麦优良品种，是王辉用20多年时间，在没有一分钱经费支持的情况下自己“自发”搞出来的优良小麦新品种，是王辉“二十年磨一剑”打磨出来的一把“利剑”。因为我那时是一个十分狂热的文学青年，除了写小说、诗歌和散文等，一直喜欢写现实生活中“有故事”的人。我想，能“二十年如一日”地精心打磨一柄种子之“剑”，其精神绝对非同一般。据此，我相信王辉必定是个“值得写”的“有故事”的人。

其时，我有一天路遇小麦育种大师赵洪璋院士——有幸结识这位小麦育种大师，当然也是我莫大的幸运，更别说我们还成了“忘年交”。我当然也写过我对赵洪璋院士的认识。除了为他立传，我也为他写有报告文学《麦神》（见中国农业出版社《神农之光》1994年版）。

闲聊中，赵洪璋院士说王辉值得写，值得关注。

那些年，我每年都会带些学校老师们培育成的小麦种子送回老家，帮助老家的父母兄弟增加产量和收成。这一年，我通过同是小麦育种专家的何蓓如教授打听小麦新品种的情况。何教授不几天送给我半袋麦种。我问是什么品种。何教授告诉我说是王辉老师培育的“西农84G6”。还说这个品种肯定适合在我老家那一带种植。

果不然，头一年父亲和小弟在老家种出的“西农84G6”一下子就轰动了。方圆十里八乡的父老乡亲一传十十传百，争相到我们家的麦地里参观、观摩。其间，我还利用学校好几位领导到我老家附近的汤峪开会的间隙，带几位领导去我老家看过一次“西农84G6”丰收前的景象。当然，当时没想到其中一位还是王辉老师的大学同学王书良。

家乡的父老乡亲得知我在农学院工作，认为那麦种肯定“没麻达”，加之又亲眼看见了那小麦喜人的长相与长势，因而争相要从我老家预订。父亲和小弟就让父老乡亲们用他们收获的杂麦到我家来兑换这个好品种。

就这样，“西农84G6”很快就在我家乡一带播种开了，且面积越来越大并持续了好多年。

听了赵洪璋院士对王辉育成的“西农84G6”小麦优良品种及王辉其人的介绍，加上我家乡父老乡亲的实践检验，我就更坚定了想采访、写写王辉的想法。

可还是因为琐事缠身，这个想法被一次次冲散、一次次搁置而无法实施。

也由此，我一直十分关注王辉老师的一举一动。

2012年，王辉教授荣获陕西省科学技术最高成就奖……直到2015年，王辉教授的事迹陆续被一些媒体报道。我又一次鼓起勇气，打算写一写自己眼中的王辉教授其人其事。未成想，这个想法又一次次因各种各样的琐事被冲散和搁置。

2016年，王辉教授荣获中国“敬业奉献好人”“中国好人”“时代先锋”“三秦楷模”“陕西好人”等光荣称号，有关媒体报道更多。是年10月8日，中共陕西省委《关于开展向“三秦楷模”王辉徐立平同志学习活动的决定》发出后，在全国引起强烈反响，尤其是广大青年学子纷纷表示要向王辉老师学习，争做新时代王辉式的创新型农业科技工作者。我为自己三番五次被琐事冲散、想法未能如愿以尝的“遭遇”深感遗憾——因为很多我所知道的王辉教授其人其事，已经被各路神通广大的记者们“挖”得“差不多”了，尤其是杨陵中学高中语文教师、杨凌作家协会副主席、颇有名气的作家高凤香女士写出了颇有深度、颇有份量的报告文学《西农

979：一个小麦专家的传奇》并在《陕西日报》发表后，我的懊悔就更深更大了。

然而，一一细细品读全国各路记者、作家的大量报道后，笔者又暗暗生出一丝“底气”——由于受篇幅、时间等限制，这些报道还不够深入细致，王辉教授其人其事中还有不少“金矿”未被发现、未被挖掘。

这正是我写作的着力点，也是我可以写作长篇报告文学的“余地”与“空间”。

还有一个很大的优势，就是自己是农学院毕业的，又曾是一个文学青年。文学创作的练笔式“操练”，从中学时代至今一直没有间断过。陆陆续续也有不少作品问世。尤其是写报告文学或纪实文学、科学家传记是自己最“拿手”的，并因此自认为自己既有科学尤其是农学基础，又有文学基础，较之一般的作家或新闻记者，多了一重对于生物科学或生命科学的必要功底。

于是，我于2016年10月20日，写了一份专门的报告，上报有关部门。

之后，经过多方多番采访、拍摄、构思与笔耕，以至同出版设计印装等方面的反复沟通与协调，多方征求意见与建议，数易拙稿，才有了今天这册摆在读者诸君面前以期接受评判与指教的拙作。

这既是我完成的又一个陕西省出版资金资助项目，也算是实现了我长达数十年之久的“又一桩心愿”吧。

之所以选择报告文学这一体裁，是因为它首先是报告，真实写出，不掺杂任何其他东西，更不能虚构什么，真真实实，原汁原味，适应当前读者喜欢阅读真实的、纪实性的文学作品的需求。其次在于这一体裁属于“文学”——人学，描述的是真实的人及其人生，可以给读者以诸多启迪与启示，同时又有一定的“文学”空间。再加上插入必要的图片，可以图文并茂地展示、展现书中的主人公——王辉教授及其小麦育种团队的整体风貌。这也适应了当今“读图时代”人们的“阅读习惯”与“潮流”。

当王辉的名字伴随着现代化传播媒介传遍全球、当他成为“宠儿”、当花环、光环和各种荣誉笼罩着他、当他把不屈的抗争在命运的崖畔、在落差的磨砺中创造出立体的、腾飞的大爱的形象时，我敢说，向你展示王辉的精神世界，要比传播、传扬他的成果和他的贡献更具有震撼心灵的意义。

经过近四十年的接触、观察、了解和十多次“心灵”交流与对话，以及通过与他身边的数十人的间接了解，我愿向你吐露我所认识、见证、追踪、观察、关注了长达四十年的王辉。

王辉的人生，就是一粒种子的人生。

春天，种子经历播种的命运，进入泥土的心里，等待发芽，像投胎转世一样，裂变出一棵稚嫩的芽，在新的岁月里，沐浴阳光，汲取养分，完成命运交给他的终极任务。

也许，这颗种子是一颗流浪的种子，注定要饱受曲折、磨难、坎坷、曲折的痛苦。离开泥土的种子，注定要随风漂泊。

也许，这颗种子要流落异乡，邂逅诗歌，把内心的坚韧、坚强化成几行湿漉漉的文字。

在春天的大地上，回到故乡的种子，完成了一次诗化的使命。

种子最终要回到故乡，就像诗歌最终要回到生活。

在一个又一个春天，种子仍要发芽，抽出诗画般的新生命。

给你一颗种子，你就会为一颗颗荒芜的心灵长出新绿。给你一缕阳光，你就会用爱的音符点燃跳动的田野，用星火传递星火，让夏日的绿野，爬满一片片裸露的田园。给你一滴露水，你就会涂抹一条丰收的河流。给你一个梦想，你就会把时光、泥土、养分、阳光凝聚在一起，让头顶上飘扬的白发和新年的雪花一样，悄悄地、静静地融化……

王辉的“种子人生”，说穿了就是王辉这个自强不息的北方男人、关中汉子自我实现的过程，是中国牌当代新型知识分子走向成功的真实写照，是一个历经大起大落、大喜大悲、大苦大难、大俗大雅，历经磨难磨炼的血肉之躯，向华夏、向世界奉献出的对事业、对科学、对家庭、对感情、对伙伴、对自然、对同胞抱定大爱、大善，咀嚼大气度，持定大宽容，感受大深沉、体现大深刻而又不轻易显露的一颗博爱、慈善之心，一曲感人至深的当代《种子人生》歌。

我们当前所处的时代，是一个中华民族史册上前所未有的时代。

这个时代被习近平总书记在党的十九大报告中描述为“新时代”。

创新，是我们所处的这个“新时代”最显著的标志。

王辉教授及其小麦育种团队数十年的实践告诉我们，创新是引领发展的第一动力，是发展之本、建设之源、成功之泉，是一个民族进步的灵魂，是一个国家兴旺发达的不竭动力。适应和引领我国经济发展新常态，关键是要依靠科技创新转换为发展动力。在当前经济新常态下，在激烈的国际竞争中，唯创新者进，唯创新者强，唯创新者胜。作为新时代的科研工作者，必须树立创新意识，砥砺创新意志，锤炼创新思维，学会创新方法，立志创新实践，拿出创新成果。要学会多动脑，多思考，凡事多问为什么，脚踏实地搞研究，搞创新。

王辉教授及其小麦育种团队数十年的实践告诉我们，要创新，首先得立足于自主创新。这也是诸如中国这样的大国、人口大国、农业大国、资源弱国必须牢牢坚守的一条铁则。坚持自主创新，必须面向未来，增强自主创新能力，最重要的就是要坚定不移地走中国特色自主创新道路。

王辉教授的人生经历与事迹，揭示了一个非常重要的、常常被国人忽视的重大命题——原始创新对于中国这样一个占世界人口近四成的第一人口大国，一刻也不能轻视、一刻也不能放松。中国人必须咬定创新这个中心目标不放松、不松口，从各个领域、各个环节埋头苦干、接力“长征”，不骄不躁，踏踏实实，勤勉奋斗，走出一条中国人自己的自力更生、艰苦奋斗、民族复兴的创新之路。在创新上，绝不可抱任何幻想，绝不可抱任何侥幸心理。

坚持自主创新，并不是搞什么“闭门创新”，恰恰相反，在全球化背景下，必须借助、依靠全球的创新资源，在更高的起点上推进自主创新。实践也已反复证明，中国特色的自主创新道路是正确的，是现代化建设最可靠的支撑点。

王辉教授及其小麦育种团队数十年的实践告诉我们，创新的根本，在于人。人是创新的第一资源，也是创新活动中最为活跃、最为积极的因素。坚持以人为本，把科学研究和人才培养相结合，充分调动人才的积极性、主动性和创造性，尤其是青年科技工作者，更要培养创新思维，提高创新能力，在继承前人的基础上不断创新、不断超越。

王辉教授及其小麦育种团队数十年的实践告诉我们，搞科技，搞创新，不能仅仅停留在理论上，更重要的还在于把科技创新应用到实践中去，应用到我们的经济社会发展的现实生活当中，造福黎民百姓，实现科技为民。

王辉教授及其小麦育种团队数十年的实践告诉我们，人生价值在于发光发亮，在于奉献，在于点燃自己，照亮他人，用自己的实际行动诠释着一名共产党员和一名科技工作者的使命、忠诚与担当。

王辉教授及其小麦育种团队数十年的实践告诉我们，一名科技工作者，应该努力并善于向前辈学习，面向经济社会主战场，端正科研态度。态度决定高度。一个良好的科研态度对于科研工作尤为重要。不能只仅仅想着为发表几篇文章，把学位证、毕业证拿到手，或只为晋升个职称、职务什么的随便搞一搞，应付应付“差事”了事。而应当真正地学到一身真本领，打下服务社会、报效国家的坚实基础。做人可以大大咧咧，但科研容不得半点马虎，必须认认真真，脚踏实地，严谨求实，开拓创新。在科研工作中，要认真设计好实验方案，如实记录实验数据，认真操作实验的每一步，不骄不躁，对自己负责，也对他人负责，更对社会、科技和后人负责。

王辉教授及其小麦育种团队数十年的实践告诉我们，一粒种子可以改变一方世界，一个品种可以造福一个民族，一项发明能够造就一个产业，一门技术能够创造一个奇迹。每一名科技工作者都应该担负起时代赋予我们的责任，为了我们共同的“中国梦”而贡献出自己的一份力量。

王辉教授及其小麦育种团队数十年的实践告诉我们，一分耕耘，一分收获。在科学研究领域，没有捷径可走，必须始终坚持求真求实，不懈地努力，不断地探索，历尽千辛万苦，也许才能获得最后的成功。

这不由使我联想到爱迪生的一句名言：世界上没有一种具有真正价值的东西是不经过艰苦辛勤的劳动而能够得到的。

王辉教授及其小麦育种团队数十年的实践告诉我们，我们国家人口众多，小到一个人，如果你什么都做，就会什么都做不好，如果用“铁杵磨成针”的精神和毅力，“十年磨一剑”，盯住一个“点”进行长期的追踪、探索与研究，用五年、十年、二十年……以至更多，一定会有所建树并结出硕果。大到一个单位，小到一个团队以至一个单独的个人，无不如此。当然要尽力做到人尽其才，人力资源才不致浪费。须知，在所有浪费中，人才的浪费是最大的浪费和最大的犯罪。

王辉教授及其小麦育种团队数十年的实践还告诉我们，国家提出建立创新型国家，更加需要我们每一个人必须力戒浮躁的心气，立足本职岗位，静下心来做好自己手中的事情，在自己的岗位上下足功夫，才会在

“一粒种子改变一个世界”的启发下得到长足的进步。

朋友，如果你是一粒种子，希望你成为能改变世界的那粒种子。

人生常常是平常、平凡、平静、平实、平淡甚至平庸的混合体。但平常并不等于平凡、平实并不等于平淡，平静更不等于平庸……

梦想有温度，追求有情怀，成就才会有厚度。

朋友，只有像王辉那样，把自己的人生化作一粒金色的种子——一粒身体、精神、情感、性状、活力都十分健旺的种子，自由地活着，健旺地活着，并永续地传递生命的种子，使之随处生根、开花、结果……

朋友，只有平常但不平凡、平静但不平庸，平实但不平淡的人生，才会使你真正感觉到人生的意义所在，才会在人生的暮年获得平和、满足，也才会不为自己的虚掷年华、浪费人生而懊悔。

牛宏泰

2018年5月